Das Erschrecken über die Stille,
in der
die Wirklichkeit weitermachte

Printed in Austria by Welsermühl, Wels
ISBN 3-7017-0344-2

ERWIN EINZINGER

Das Erschrecken über die Stille, in der die Wirklichkeit weitermachte

EINUNDSIEBZIGUNDEIN LEBEN

Residenz Verlag

Antensteiner

Auch auf den Platz im Bezirksaltenheim pfeifen, das wäre es! Es gab zwar noch eine einzige nähere Angehörige, sie lebte am Güterweg Hochkogel, weit über der örtlichen Nebelgrenze, aber brauchte er jemanden, der sich um ihn umsah? Noch war er ja nicht hilflos! Und dann dieses ganze Anerbieten mit dem Hörapparat, das Getue um ihn und seine Gebrechen, die Krankenkasse konnte ihn!
Er hatte zuletzt einfach jedes Jahr an das andere gereiht, es war nichts anderes als sonst auch, er lebte, na ja, was denn.
Im Fernsehen die Raubtierfilme, er sah sie an, starrte auf die Bilder, alles sehr wendig.
Vom Fenster aus konnte er auf die neuen Büros der Rohölauffindungsgesellschaft hinübersehen, es gab dazu nicht viel zu sagen, er sagte auch nichts, zog höchstens des öfteren ein Schnoferl, erbittert. Von der im August eingekochten Marmelade waren ihm einige Gläser schimmlig geworden, war jemand unwohl gewesen in der Einkochzeit? Fragen dieser Art...
Es war Mondtag, Zeit des trüben Halblichts, Zone der dörflichen Auflösung. Er schnüffelte auf den lehmigen Wegen herum, diesmal im eisigen Frost, er ging leicht nach vorne gebeugt, kaum merklich eigentlich. In seiner rechten Manteltasche hatte er noch so an die acht oder neun farbige Gummizuckerl, er schmiß sich eines davon in den Mund. Glück auf! Ein Hühnerhabicht trainierte über dem Buschwald; geduldiges, sorgfältiges Kreisen. Mitten im Wald dann ein ausgedehnter Morast, gefroren, ein schwarzer Sommerreifen ohne Felge steckte darin.
Es fächelte Antensteiner jetzt wieder etwas an, eine heimliche Unruhe wollte auf ihm herumjammern oder die davonstürzenden Tage – aber er ließ nichts heraus, zumindest nichts, was man als Klage hätte deuten können.

Warum war nicht alles anders! Er riß seine Gedanken mit sich fort, bis in die Gegend der Krapfenmühle, dort erst gebot er sich Einhalt. Fast wie in einen Kanal zog das Licht herein, aufgerissen und fladig an den Rändern. Wie gut hätte ihm eine heiße Buttermilch nun getan, in seinem blauen Häferl!
Antensteiner schritt wieder dahin; er schlurfte, genauer gesagt. Jenseits des Waldes fingen schon die Behausungen an, Streusiedlungen, auf einer Linde ein zerrissenes Plakat für ein längst verjährtes Leistungspflügen, zur Hälfte überdeckt von der Einladung zum Jugendball, Antensteiner kannte das alles, mehr noch ...

Ascherling

Grauer Tag, alle Schweindln in der Box und nach wie vor feine Blasen auf dem Naßfutter, mochte alles andere doch zerschellen!
In der Früh, noch lange vor der ersten ausführlichen Nachrichtensendung, zogen in abgerissenen Schwärmen die Krähen über das Haus, die Holzbänke für die schweren metallenen Milchkannen standen ohne Vorwurf am Straßenrand.
Abends im Fernsehspätprogramm hatte Ascherling gestern den neuen Videorecorder ausprobiert und ein Elternpaar aufgenommen, dessen Kind eine Herzoperation überstanden hatte. Das Blut war auf 26 Grad heruntergekühlt worden und vom Herzen getrennt für eine überraschend lange Zeit. Das Gerät funktionierte wunderbar! Er konnte ab jetzt jede beliebige Sendung jederzeit speichern und so oft wie gewünscht sehen, ha, das war sein Geld schon wert! Und er sicher der erste in der Gegend weit und breit, der sich so etwas angeschafft hatte!
Vormittags waren dann zwei Kälber ausgebrochen, dumme, sonst verläßliche Tiere; die Mutter, die beim

Obstklauben war, hatte es bemerkt und Alarm geschlagen. Er hatte die beiden schließlich unten am Graben gefunden und mit ein paar Stocktätschn wieder heraufgetrieben, entweder – oder! Ascherling zog das Wangenfleisch nach innen, schnalzte mit den Lippen. Flugs hatte er den aufgewärmten Strudel verzehrt, lehnte sich zurück und ließ die musikalischen Tafelfreuden auf sich wirken.

Vor zwanzig Jahren ein verläßlicher Ministrant und später regelmäßiger Teilnehmer an Veranstaltungen der katholischen Landjugend, zog es ihn heute höchstens noch zur Landwirtschaftsmesse, und selbst die wurde ja nur alle heiligen Zeiten einmal abgehalten. Aber die rüstige Mutter, die seit des Vaters Tod mit dem Sohn allein den Hof schupfen mußte, wanderte noch jeden Sonntag in die Kirche, hörte sich alles an, aß Gott und kam am frühen Vormittag wieder zurück in die Küche, wo zwischen Rahmen und Glas der Kredenz ihr liebstes Beichtbild steckte, ein Motiv mit einem Kopf aus einer Gruppe der Beweinung Christi von Tilman Riemenschneider.

Seit zwei Monaten besaß Ascherling, der am Klo oft die wildesten Grimassen schnitt, auch eine über Versand erworbene aufblasbare Puppe, lebensgroß. Weil er aber nicht wollte, daß das an die große Glocke gehängt werde, blies er sie nur selten auf und verwahrte sie ansonsten im Kasten unter seiner Feuerwehruniform. Von der Möglichkeit, Marina (so hieß die Plastikhaut) zu deodorieren, um den intensiven Kunststoffgeruch zu überdecken, machte er nicht Gebrauch: Gerüche konnten ihm wahrlich nicht viel anhaben, stand er doch täglich im Stall und erledigte auch dort alles, ohne zu meckern – ja, es machte ihm gar nichts aus.

Nur eine der sechs Montafoner, die sture Tschabahli, konnte er nicht recht leiden, die war hinterfotzig. Ihr brauchte man bloß ein wenig den Kopf zu kraulen, schon warf sie den Schädel durch die Luft, sie ließ sich das nicht bieten. Beim Melken war es dasselbe – zog man

sie händisch an ihrem Euter, mußte man fast damit rechnen, ein Stück auf die Seite zu fliegen. Tschabahli ließ sich nur die Melkmaschine gefallen, da stand sie ganz ruhig und ließ das Heu aus dem Magen ins Maul zurückwandern, sie kaute bedächtig dahin, schloß dabei öfters die Augen, als wäre ihr ohnehin alles recht.
Zu Lebzeiten des Vaters, als sie noch keinen Traktor gehabt hatten, war es mit den zwei Stieren ein ähnliches Kreuz gewesen, die hatten zwar die Kraft und konnten ganze Wagenfuhren durch den Dreck ziehen – nur waren sie eben schwer zur Einsicht zu bringen, das heißt, wenn sie einmal vorgespannt waren, rissen sie ja artig an, aber bis diese Schädeln sich eben einspannen ließen, gab es jedesmal einen Kampf. Da war das Herumspinnen der Tschabahli eher eine Kleinigkeit dagegen, und – was wichtiger ist – sie gab im Vergleich zu den anderen Kühen eine ganz schöne Latte Milch, ohne weiteres, solange maschinell gemolken wurde, also mit der teuren Alfa Laval Hydropuls-Anlage. Die Landwirtschaftskammer schickte dafür jedes Jahr eine an der Stalltür befestigbare Anerkennungsplakette mit dem Stalldurchschnitt des abgelaufenen Jahres, angegeben war die Milchmenge in Kilogramm, umgerechnet in die entsprechende Menge Fett – und bei Ascherling war das nicht gerade wenig für eine eher kleine Landwirtschaft.
In der offenen Windbluse des verstorbenen Vaters und in Schuhen, die noch Reste von hartgewordenem Hühnerkot in den Profilrillen hatten, sann Ascherling nach über dies und das, also auch über das Gerede der Nachbarn, daß er sich so verändert habe, seit er den steifen Vater auf dem Heuboden hängen gefunden hatte, und daß auch er anscheinend den Föhn so schlecht vertrage, der an manchen Tagen wie in einem Fluscher das ganze Elend emporjuchzen lasse, um es dann erst recht wieder herunterzudrücken... Sollten die doch ihre Witze reißen.

Bärhild

Alles, was schief war: Jetzt! Bärhild war gewillt, selbst ihre stärksten Gedanken zu schlachten, oder reichte das nicht? Nichts hören und sehen von der verkehrten Unerbittlichkeit, die sich hier durchsetzte. Warum wollte es Bärhild nie so richtig gelingen, einen Tag – egal ob von der Seite her oder frontal – so anzugehen, als wäre es ihr letzter? Sie hatte sich durch letzte Zeiten gelitten, das genügte. Wo war, was ihr fehlte? Sie war krank, nichts Ernstes, vielleicht nur die Welt.

Den Kinderwagen schob sie so langsam, daß sie sich fast im Gehen hätte ausruhen müssen. Sie zwang sich, so zu denken. Eine beträchtliche Schlichtheit zeichnete sie darüber hinaus aus, das war ihr Wesen, wie man so sagt.

Schadet dir eh nicht, stieß eine Frau hervor, die mit Backenstreichen ein Kind den Gehsteig entlangtrieb, vorbei an Bärhild. Es war alles so einfach, das war es, oder nicht? Die Augen umschlossen einen hitzigen Kreis, jetzt vibrierten sogar ein paar Umrisse in der Nähe, die Straße, nein alles.

Sie blickte die Zaunpfähle an, die in regelmäßigen Abständen am Kinderwagen vorbeizogen. Sie zertrat etwas mit dem Rand des Schuhabsatzes, etwas von der Größe einer Haselnuß oder vielleicht bloß eine knusprige Zigarettenkippe, sie sah sich nicht extra um deswegen.

Aus ihren Kleidern stieg ein rosenartiger Geruch, kräuselte sich durch ihr Voranschreiten. Sollte sie es ein letztes Mal mit einem Kurs für autogenes Training versuchen, zweimal wöchentlich konzentrierte Entspannung mit ein paar zusammengewürfelten Angestellten, Komplicen der hiesigen Armseligkeit? An der Kreuzung hielt ein Wagen, eine Tür sprang auf, schwere Musik schlug heraus wie eine Welle.

Bärhild bog ein in einen der breiten Kieswege, die hier vom Gehsteig weg in einen kleinen Park führten. Vor

den einzelnen Bäumen und Ziersträuchern waren auf kleinen hölzernen Pfählen lackierte Tafeln angebracht, die den botanischen Namen der jeweiligen Pflanze auf Deutsch und Lateinisch anboten. Die schöne Anzahl der Tafeln!
Auf einer Bank vor dem Springbrunnen saß ein betrunkener Jugendlicher, spuckte in den Flaschenhals. Der Kies, auf dem seine Schuhe lagen, war hell und wie von Pulver überzogen. Fuzzy Dice, wer sang das eben? Die Räder des Kinderwagens knirschten, schwammen im Grus. Vibrationen liefen nun auch durch das Gestänge des Wagens in die Arme von Bärhild, bis in die Schulterblätter hinein.
Wie ein Pfeil schoß indes eine Maßlosigkeit durch sie, sie war darauf gefaßt. Der Hals wurde heiß und trocken, der Kehlkopf drückte nach unten, es nützte nichts, daß sie ja das alles schon gewohnt war – und war sie es denn wirklich, konnte man sich überhaupt gewöhnen daran?
Ihr Kind wachte auf, ballte jetzt die Fäuste im Wagen.
Sie schob weiter, was denn. Die Nähte ihrer Schuhe, wie sie leuchteten!

»Bantu« Schrefler

Was tat er denn da? Scherte er ein wenig an der Erde herum, schob er sie ins Lot? Gezinkt! Wenn er einen Stein fand, warf er ihn zum Bacherl hinüber, es war ihm aber schnuppe, ob er auch wirklich bis zum Bach kam.
Rund um die Obstbäume zog er danach fast so etwas wie einen Ring aus zerpulverter Asche, Radius vielleicht zwei Meter fünfzig, wenn es viel war. Über ihm tobte das All, diverse Spannungsfelder konnte man sich vorstellen – oder besser doch nicht. Schrefler hätte natürlich in Gedanken leicht das Harmonium dazuspielen können, auch Bongos.

Wie die Erde sich einfach wieder Platz schuf, wenn es soweit war!
Ein Rauschvorhang bauschte sich, darunter seichte Erinnerungsflüsse – ffft!
Weiter oben nahm Schrefler auf einem Holzstoß Platz und fing – jawohl! – eine Lupe aus der Tasche. Mit ihrer und der Hilfe der Sonneneinstrahlung setzte er nach einiger Zeit ein wertloses Papierl in Brand. Ahura Mazda stand drauf, und wie ein unsichtbarer Wimpel zog das Feuer im Sonnenlicht eine Spur über das Papier, das dann sofort braun aufriß.
Versteh mich bitte nicht falsch. Stand das auch drauf?
Es gab da unten noch diesen Schneerosengraben, am Südhang ein kräftiger Heustadel, von manchen scherzhaft als »Die Fick« bezeichnet, nur weil hie und da der eine und die andere darin verschwanden, um ein wenig herumzuschnüffeln.
Oben am Hag gab es ein Wegerl, auf dem an einer guten Stelle mit Hilfe von Ziegeln und größeren Steinen wohl fünf oder sechs Grillstellen errichtet worden waren – weiß der Geier, die Leute entwickelten einen seltenen Eifer, wenn es ums Grillen ging.
Jetzt hörte auch Schrefler das Summen eines Zweirads (Vespa?), das über den Hang herüberschmierte, wo die Straße war. Fast tat er so, als wollte er seine Fangzähne – die er gar nicht hatte! – irgendwie in die Luft hineinschlagen, indessen aber: Frühling ließ sein blaues Band ... Auf der überdachten Grünfläche vor den neuen Eigentumswohnungen Weinzierl spielte ein Ehepaar in Latzhosen Tischtennis, streng und doch nicht bei der Sache, manchmal freilich klang ein Kudern auf.
Und kurze Zeit später traf Schrefler auch schon auf die ersten Familien, die zum Sonntagsspaziergang ausgeschert waren, die Kinder trugen gleich einmal Spielzeugfunkgeräte, murmelten verbissen ihre Kommandos neben die Sprechtaste: Kommen!
Ja ja ... keine Angst.

Hätte er in die Maserung hineingehen können, er hätte es nicht getan. Auch das Holz verwahrt bloß schimmernd die Spuren der Zeit, verschärftes Gewebe. Er ließ die Bretterwand hinter sich.
Am Rand der mit lehmiger Erde zugeschütteten Mülldeponie hockten Kinder und versuchten ein schwarz isoliertes Kabel anzuschmoren. Ein aufgeschlitztes Milchpackerl lag mit der wachsbeschichteten Innenseite nach oben neben einem Satz Flachzünder aus einem der zahlreichen Restaurants der Wienerwald-Kette.
Zerfielen ihm die Handlungsabläufe in Gefühlswanderungen, deren Berührungspunkte kein bekanntes Muster mehr ergaben, während die Bilder erneut hervorkrochen, schneidig und ohne Begleitung?
Im Ortszentrum wußte Bengesser zu dieser Zeit eine geschälte und von jeglichem Astwerk befreite Fichte mittleren Alters, sie hieß Maibaum und trug an der Stelle, wo die Verjüngung des Stammes ins Ende auslief, eine Dreierserie untereinander hängender aus Nadelholzzweigen geflochtener Kränze. Alles gut und schön.
Finanziert wurde dergleichen von einem Komitee aus sogenannten Würdenträgern des Orts, treibende Kraft dahinter war Bengessers Arbeitgeber, der hierher verschlagene Schwiegersohn des früheren Eigentümers jenes holzverarbeitenden Betriebs, der in einer warmen Septembernacht vor mehreren Jahren zu einem beträchtlichen Teil einfach niedergebrannt war.
Bengesser brach den Spaziergang ab, machte sich jetzt auf den Heimweg. In der Wohnung suchte er nach der vor einigen Tagen in einem sinnlosen Akt an sich gebrachten Trophäe und legte sie wie einen dünnen Fetzen Fleisch auf den Küchentisch. Anschließend warf er den feinen Lederhandschuh der Ehefrau seines Vorgesetzten in geschlagenen Eidotter, panierte ihn mit Semmelbröseln und schickte ihn in der Folge in einem

Nylonsack, der in einem braunen absenderlosen Kuvert steckte, mit der Post ins Büro.

Berta Forstner

Berta verlor nach und nach ihr Haar, voller Ernst, es fiel ihr einfach aus, auch ohne Kämmen, der Rest lag wie Fransen über der Haut, die den Schädel sauber überzog. Sie besaß ein rehledernes Stirnband, das sie kaum viel getragen hatte, und wenn, dann schon wie zum Hohn, etwa abends, wenn sie wie hingeworfen daheim herumsaß, nach einem verdampften verdammten Arbeitstag im Wasch- und Bügelcenter Eberschwang.
Ein einziges Mal bisher war sie auf dem Gehsteig vor der Firma ausgerutscht, ungeschickt, so daß sie dazu auch noch mit der Hand, die bloß den Sturz abfangen wollte, in frisches Hundeexkrement gegriffen hatte, erkaltete, klebrige Schicht – und tags darauf, als wäre es ein Witz, drückte man ihr im nächsten Ort bei einer Ladeneröffnung eines Diskontgeschäfts, in dem sie seither nie wieder drin war, eine Gundula Janowitz-Platte in die Hand, reichte ihr ein Glas. Freilich fühlte sie sich verpflichtet, auch gleich etwas zu kaufen, sie ließ sich einen Mixer einpacken, rührte noch am selben Abend, bis alles schaumig war, Vergangenheit.
In letzter Zeit wurde es schlechter mit ihr, es hing alles zusammen, auch das mit der Zurückgezogenheit. Zwar kam der eine oder andere Stinker noch manchmal bei ihr vorbei, erzählte von boshaften Verwandten und wollte dann irgend etwas, was auch Berta nicht hatte – aufhören jetzt! Als Kind war sie mit dem Rauchfangkehrer einmal durch den halben Ort gelaufen, daß der Matsch um die Stiefel floß, alles im Spaß, sie wußte, daß es Spaß war, sagte aber nichts, sprach überhaupt wenig, verglichen mit dem, was sie dachte, das würde freilich fast jeder von sich behaupten. Es gab dann Fortsetzungen, Gegen-

wart, Aussichten, alles sehr schütter, ein Dasein, das ihr mehr und mehr verschlampte, mußte es ja. Sie hielt aber einigermaßen mit, ohne großes Schnaufen, mit einer Kraft, die sonst nirgends vorkam.

Für die Kleinkinder der jüngeren Schwester, die ins Alpenvorland gezogen war, kaufte sie zuletzt eine Eßausrüstung, die Tellerboden waren mit Märchenmotiven bemalt, auf daß sogar wirklich »schlechte Esser« vor lauter Gier, endlich das Märchenmotiv freigelegt zu haben, gern ihren Brei hinunterlöffelten, Berta verstand das.

Nachts sprang sie oft auf, schlug beinahe ein Rad, es war nicht Entsetzen, Gefahr oder dergleichen, sie spürte ja nichts, höchstens ein paar Töne fletzten herum, reglose Muster, das Herz, wenn es zischelte, gab einen Rhythmus dazu, Berta spannte ihre Büste, alles nur geträumt. Aber wirklich lag die Rauscher-Verbandswatte schon neben der Schlafstätte, wurde freilich nie gebraucht, und wenn schon! Sollte doch alles schimmern, schluchzen, von ihr aus sofort!

Am Morgen, wenn sie eine spätere Schicht hatte, schaltete sie vor dem Einkaufen oft das Testbild ein, war dann froh, daß kein Film gezeigt wurde, denn sie wollte mehr, Mitleid, Könige, Idioten und Tage ohne Riß, sie hätte ohne weiteres auch den Rest ihrer Frisur noch zerfetzt. Um die Augen kümmerte sie sich ohnehin nicht mehr, die schossen bockig herum, blieben manchmal auch stecken wie lappige Schnüre, Gelbsucht, Blattern, sie war da überall durchgegangen, ein Kind, das übergangslos gealtert war – aber auch sie brauchte nicht mehr als je ein Tränenloch, meine Lieben.

Wie sehr jedoch mochte sie trotz allem das Meer, wenn es strahlend wie verpackt vor ihr auf dem Tisch lag, fern und gleißend! Eine der Büglerinnen schrieb ihr tatsächlich jedes Jahr eine Karte aus dem Urlaub, es krümmte sich dann vor Klarheit etwas in ihr, man sah das nicht, nicht Fleisch oder Fasern, auch nicht das Herz wie vorhin, wozu.

Längst hatte sie alles heruntergeschraubt, was nicht zu ihr passen wollte, wie lange hielt sie es aus? Hing ihr schon alles herunter, fing die Kopfhaut schon zu leuchten an? In einer Illustrierten tanzte eine Frau vor einem Spiegel herum, brüllte zu Berta heraus, Kosmetik, mehr Aufwand, Vertrauen, wenn ich bitten darf... Sie brauchte diese Fratzen, um mit der Hand leicht darüberzuwischen, elastisch wie ein Pferd, schwache Mähne, Schorf an der Decke, die Stimme zerknittert, warum heulte sie denn jetzt?
Sie wusch sich das Gesicht, ging dann aufs Klo, am Etagenklo waren Felszeichnungen, Haar- und Schattenstriche, auch hier die Fortsetzungen und Fragezeichen, die alles verrammelten, Berta Forstner achtete gar nicht mehr darauf.

Brettschneider

Den Küchenboden gekehrt, ja, alles ging prächtig auf, erhob sich über den Mustern. Niemand schützte das einzelne, aber es war da, gepanzert und schön!
Also weiter! Hier die Winterpatschen, die Steuererklärung, das Verbandszeug. Gelächter, ein Lachen also, zu verschiedenen Zeiten und mit unterschiedlicher Intensität, auch ein feierlicher Gestank zuzeiten. Billa dankt, so stand es auf dem Zettel, er lag auf den Gumminoppen des Fußabstreifers, wilde Finger, die nach oben zeigten. Lächeln wieder, wie durch einen Vorhang.
Ein schneller Schweiß kam aus der Gegend des Brustbeins, eigenständige kleine Tropfen, die flugs miteinander verschmolzen.
Es war übrigens kein Schall, was die Oberflächen da aussandten, und doch drückte etwas in Wellen auf das Gedächtnis. Linderung!
Plunder der Erhebungen!
Es galt jetzt, die Tomatensauce anzurichten, wahrhaftig,

die Einbrenn also. Wie der Weisheitszahn arbeitete! Auf dem Tisch lag eine Reproduktion einer Tuschezeichnung, eine Darstellung, auf der zwei Vögel im Flug einen Stab umklammert hielten, in den sich eine Schildkröte verbissen hatte. Sie wurde also einfach durch die Luft geschleppt!
Die Wanderungen der Wörter! O Wunder!
Drüben schwamm der Beton, Luft rieb sich an den Flächen, die sich hinauswarfen. Alles schien gesalbt, ein letztes Mal. Der Schlehdorn lag geduckt im Wind. Auf einem Holzstoß eine leicht gewölbte Blechplatte, lakkiert: ein fein säuberlich herausgeschnittenes Personenwagendach. Rinderkot klebte in harten Fladen auf dem kurzgerupften Gras.
Brettschneider seifte seine Uhr ein, wie nebenher. Wie gerne hätte er alles ein wenig harmloser gehabt, oder nicht? Der Spagat, den er sich um die Hüften geschlungen hatte, hing in lockeren Spiralen bodenwärts. Die Farbe des Himmels ging nun von einem gläsernen Blau in ein bodenloses Blaugrau über, eine einzige tiefe Schlucht, die in die Atmosphäre hinausschoß. Knapp über dem Boden freilich spannte sich alles fleischig, die stillen Äste der Bäume wiegten sich, wenn man lange genug hinsah, in reibenden Bewegungen wie Wasserpflanzen, keineswegs so, als wäre alles am Auseinanderfallen.
Nun kam ein Brustschwimmer, zerteilte die glatte Flut, die sich rund um Brettschneider auftat: ein Traum, spät nachmittags, auf der Hausbank.

Burgi

Wohlan! Von ihr konnte man haben, daß sie anläßlich einer kleinen Trunkenheit auf offener Straße zu bellen anfing, im engen Sinn des Wortes. Oder die Stellung des Mondes ließ ihr keine Ruhe, komm runter, du Rausch-

kugel! Hilflos verhöhnte sie die Mäßigkeit, zupfte an ihrer Schnapsjacke herum, Tage des Zechens.
Dann wieder bewegte sie sich elegant wie ein Barsch, vielleicht war sogar irgendeine Tonleiter dahinter oder eine Choreographie der internen Versunkenheit, wer wollte schon mit Urteilen zur Hand sein?
Daheim schälte sie dann ihre Stiefel herunter, schleuderte sie gegen die tapezierte Wand, mit ihr selbst war alles in Ordnung. Nach außen hin trug sie jetzt einen zornigen Bürstenschnitt, aber im Innersten hing sie dann doch wieder an gewissen überkommenen Formen der Geselligkeit, für die es die verschiedensten Bezeichnungen gab. Vor mehreren Jahren noch spielte sie mit dem Gedanken, sich in eine Wohltätigkeitsorganisation einzuschleusen, ein wenig herumwirtschaften, auch das sah ihr gleich. Sie entstammte einem Ort, dessen Milchprodukte von manchen gelobt wurden, gutes Land schien in die Fensteröffnungen der Kindheit hinein.
Schon beizeiten wurde sie sich selbst untreu, wieder und wieder, ein Asphaltschatten, über den der Tagesverkehr rollen mochte, er konnte ihr nichts anhaben, sie warf letztlich alles zurück, seit jeher.
In der Metropole arbeitete sie eine Zeitlang bei der Berufsberatung, bis man ihr einfach etwas anderes nahelegte. Sie saß danach noch einmal mit zwei vorgesetzten Mitarbeitern bei einem Essen, schlug den Löffel in die Nachspeise, heda, Fratzen, verpickt euch!
An einem einzigen gezielten Fluch schien sie sich mitunter aufzurichten, daß es den Anschein hatte, als boxe sie im Notfall auch gegen das Nirwana an. In den Wochen nachdem sie sich um eine andere Stelle umgesehen hatte, zog es sie beinahe täglich ins Kino, sie rollte die Augäpfel in der Dunkelheit, wenn die Halunken ins Stolpern kamen, die Welt als Wille und Vorstellung, so hieß es doch in einem der Filme.
Abends heizte sie in jenen Tagen das Vereinslokal einer Frauengruppe, redete mit den Emsigen, als wäre bald

alles vorüber, eine wilde Geduld sprach aus ihr. Sie fing auch an, Saxofon zu lernen, gab es auf, als es dann nicht recht wurde: Sie hatte zumindest einmal ein Saxofon gehabt, sie hatte es sogar zu spielen versucht, immerhin! Was tat sie untertags, wo warf sie ihr Können dem Staat an die Brust? Mehrmals erwarb sie – auch aus Berufsgründen – einen mittelklassigen Gebrauchtwagen, klebte immer wieder die Steuermarken ein, bis die Verkehrstüchtigkeitsbescheinigung auslief.
Irgendwer gab ihr einmal eine Adresse in Maryland, sie verfügte noch über ein funktionierendes Konto, auf dem ein unauffälliger Rhythmus die Zahlen bewegte – ha, welch ein Scheißdreck! Vor einer Bäckerei hatte ihr ein Vogel auf den Hals gemacht, sie zog den Kot mit dem Daumen ab. Im Taxi legte sie die Stirn auf die Polsterung, atmete tief in die Spitzen der Lungen hinunter. Der Fahrer grinste gegen die Windschutzscheibe, murmelte ihr etwas zu. Er trug ein zinnoberrotes Bergsteigerhemd, in dem rechts vorne die Zigaretten steckten. Weiter? Draußen war alles sehr homogen, der Himmel blaß wie Aranzinistangerl, das Wasser der Wolken blieb einstweilen oben.
Sollte sie den Fahrer jetzt würgen, ihm sagen, wie erbärmlich er ihr vorkomme, mit seiner kubistischen Stoppuhr, die KLICK und KLACK machte, auch wenn der Wagen nur stand und sie zur Ampel hinaufzuschauen zwang? Sie stieg aus, kaufte einen gefrorenen Pack Karotten, erstand dann eine bundesdeutsche Illustrierte, die sie in zehn Sekunden leicht zusammengerollt hatte. Eine helle Frau zerteilte die Luft, radelte Proviant nach Hause. In einem Elektrogeschäft lehnten zwei Verkäuferinnen, eine von ihnen cremte sich gerade mit Sorgfalt die Hände ein, gähnte über die Handkante hinweg, ein Blick, über den sich hätte streiten lassen.
Viele der Verzweifelten unter den Jugendlichen der Metropole sahen äußerlich, zumindest in der exzentrischen Haartracht, bereits manchen Indianerstämmen des amerikanischen Nordostens im 19. Jahrhundert sehr

ähnlich, so fand Burgi, aber es erschien ihr nicht weiter zwingend. Sie selbst zog es jedenfalls auch nicht gerade zurück in das sanfte Agrarbürgertum, in dem sie ihre Kindheit verbracht hatte, eher schon wollte sie südwärts, südwestwärts, und wenn es dort nichts war, vielleicht eben doch Richtung Vereinigte Staaten, der alte Witz. Alles vernickelt.

Unversehens war ihr der Boden wieder fremd geworden, sie spürte es bei jedem besseren Schritt wie den Atem einer Echse, wo denn, wie denn? Jeder Punkt hatte seinen beschreibbaren Ort, sie selbst befand sich gerade im Viertel der Explosionen, zumindest was das Innere betraf. Sie gähnte, schlug die Finger ineinander, sie haderte, richtig. Dann umfing sie mit einer Hand rasch ihren Wanst, der von Wolle umspannt war.

Ihre Mutter, als sie lebte, hatte die zerkochten Nachthemden über dem Schädel geschwenkt, die Arbeit war das Lager der Frau, satte Tage, so hieß es. In eine abstrakte Minderwertigkeit wurden Bahnen verlegt, ein ganzes Geschlecht ließ sich psychisch verkabeln, Glück! Burgi aber verfinsterte sich von Schritt zu Schritt, als wäre alles ein Schauspiel, eine Schöpfung, in der ein paar jausneten, während die anderen das nächste Zeitalter aufbauten mit Hilfe von einigen bewährten Ergebnissen aus einer jahrtausendealten ökonomischen Tradition. Sie hatte ja derlei schon als Heranwachsende wie eine Ahnung verspürt, wie recht sie gehabt hatte!

Nach einem Monat der Umstellungsschwierigkeiten und der gespielten, lächerlichen Extravaganz war sie bald probeweise zum Trunk übergegangen, so bot sich im Rückblick das Bild. Oft gab ihr ein einziges Glas dann schon den Rest – sie wußte um dieses Geheimnis, hütete es aber nicht.

Das milchige Fleisch der Bauchdecke, als sie in der Toilette der Imbißstube hing und drückte! Ihr Atem ging krachend. Auf einem Rasenstück vor dem Waschraum kämpften zwei Katzen, ein Kind warf mit einem Kaugummi in das Gemenge.

Im Winter vor guten zehn Jahren war sie noch Abend für Abend über einer Häkelarbeit gesessen, die Mutter schnipselte etwa an einem Teppich herum, sonst war alles still. Stillere Heimat!

Auch den Großvater mütterlicherseits hatte sie noch gekannt, ein schweigsamer Bison, der sein Zeug auf einem hölzernen Wagen herumzog und alle drei Jahre eine Wallfahrt einlegte. Die heilige Musik der Fliegen, die um sein verschwitztes Haupt surrten! Vor des Großvaters Stall wucherten die weißen Narzissen.

Vielleicht schlug das damalige Leben sich seine Gesetze einfach aus einer scharfkantigen Druse, die sich irgendwann über den verschollenen Anstrengungen der Bevölkerung gebildet hatte?

Keineswegs war es Schwermut, was unter Burgi dahinfloß, nicht einmal Anwandlungen oder dergleichen. Und auch die Entzückungen waren nicht selten eisige Possenreißerei, mit der sie sämtliche Orchester der Tröstungen auseinanderjagte.

Sie nahm scharfe Wolken aus dem Glas, breitete sie nach innen aus, mit oder ohne Bedacht. Ein Reservekontinuum existierte derzeit ja ohnehin nicht, das wurde von ihr seit längerem gewußt. Also war sie immerhin auf einiges gefaßt, würden einige wieder sagen, nicht?

Christa (»Krista«) Waismann

Mit dem Maul errichtete sie ein Bollwerk gegen die Blindheit, es war wie ein kleiner Entschluß.

Auf den steifen papierenen Briefchen, in denen sie den Samen für die verschiedenen Gemüsesorten kaufte, stand auf der Rückseite als Zusatz zu den Ratschlägen für Aussaat und Pflege noch, welcher Kunstdünger besonders empfohlen wird, aus welcher Serie und welche Nummer.

Der Lehrling im Bio-Laden, der ihr den Gemüsesamen

einpackte, trug eine winzige Tätowierung am Oberarm, ein langgestrecktes kleines Motorrad. Es tat ihr gut, nicht zu viele Worte zu verlieren.
In ihrer Wohnung fiel alle elf Sekunden ein Wassertropfen auf das graue Blech der Abwasch. Sie strahlte, als sie einmal zum Spaß die Zeit präzise mitstoppte.
Alles hatte einen Sinn, die verborgenen Wunder hatten noch lange nicht ausgestunken! Noch, schien ihr, lagen ja auch wirklich zumindest weite Möglichkeiten des Geruchsinns brach. Wie gerne zum Beispiel roch sie an dem einen oder anderen menschlichen Geschlecht! Und ein paar befreundete Kunstpiraten aus der Hauptstadt schickten ihr manchmal flugblattartig aufgemachte parfümierte Postwurfsendungen, in denen sie von den kalten und warmen Speisen schwärmten, die man in ihrem Künstlergasthaus kaufen konnte. Tränen des Wohlbefindens!
Sie schaltete ihren eigenwilligen Fernsehapparat ein, dessen Gehäuse an den Seiten mit kecken Sprüchen überklebt war. Auf dem Bildschirm erschien ein Traktor, vorne eine Bäuerin in einem himmelblauen Sportanzug, sie näherte sich mit ihrem Traktor einem Schuttplatz, wo unter Ziegelresten und zerschlagenen Flaschen eine zeitgenössische Keramik lag: eine verkleinerte Nachbildung einer Baßtuba, aus der zwei Oberschenkel herausragten.

Christl

Und freilich galt Christl den meisten als versteinert, d. h. »leidgeprüft«, eine Art Zweiter Staatsprüfung in dem besonderen Umfeld, in dem sie lebte – die Verletzungen als das ewig Wechselvolle: Konglomerate, verrutschte Bezugsmuster, vor denen der eigene Dreck plötzlich wie eine Erleichterung schien, Marscherleichterung.
Über die Wange lief Christl ein langer Schatten und

streifte ihren Oberlippenflaum, der an den Spitzen im Sonnenlicht glänzte. Wieder und wieder spuckte sie einen beim Reden an, man hatte es auch nicht anders verdient, und draußen schissen die Hühner wie in Gedanken versunken auf die kantigen Rauriserplatten, die Lärchennadeln fielen ab, weil sie schon gelb waren.

Christl blickte hinüber über den Fluß, auf dem das Laub trieb, ihre Augen krallten sich in den schräg aufpreschenden Bergrücken. Längst war der Fels von jeder Vegetation gesäubert, seit 1948 schon war der ganze Abhang nichts als eine sich vergrößernde Wunde in der Landschaft, das gaben auch die offiziellen Vertreter zu. In fünf Jahren ist der Berg kein Berg mehr, hieß es schon einmal, und die Abraumhalden sind fast so alt wie die Christl.

Im Kühlschrank hatte sie Gefüllte Paprika und zwei Liter Reisfleisch, dazu in Portionswürfel gefrorenen Holler, sie würde die ganze Woche nichts mehr kochen müssen.

Hinter dem Rinderstall der quadratische Löschteich, von einem zementierten Sockel eingefaßt, auf dem Wasser auch hier ein verfilzter Teppich von pflanzlichem Treibgut, die Kulisse vielleicht wie damals, als das passiert war.

Christl schwitzte an den Schläfen, als sie ansetzte weiterzuerzählen: Der kopfkranke Hund hatte also das Mädchen bereits mehrmals herumgeworfen, sich immer wieder in den offenen Oberschenkel verbissen, bis es sich nicht mehr erhob und nur noch grell schrie.

Und als dann endlich der Nachbar unter dem Zwetschkenbaum dahergeschossen kam, schien das Kind nur noch wie eine zerrissene Stoffpuppe, so wahr sie da sitze.

In der Nacht blies damals ein harter Wind ohne große Pausen, die Wäscheleine zuckte in der Dunkelheit, der Wind riß die Büsche auf und wuchtete die Laubmassen hin und her. Manchmal krachten die Bäume, es war ein

Zerren, je nachdem, dann wieder ein steiler Blasrohrton, tief aus den Blattformen heraus.
Das Kind lag längst bewußtlos auf der Intensivstation, das Blut war zum Großteil wieder ergänzt worden, Gruppe A, positiv, was nützte das alles.
Wie moosiges Gras, verfilzt und verwachsen, ein langer schräger Blick zurück in das Geflecht aus Verzweiflung, Verwunderung – war es Verwunderung, daß sie jetzt dasaß und das erzählte?
Die Knie fielen ihr zur Seite, es war nur eine Bewegung, ein kleiner Ruck, der spielend von der Aufmerksamkeit abgefangen wurde.
Sie erzählte zu Ende, so konnte man das nennen.
Im Garten war ein Mistbeet, daneben eine Schaukel, dahinter die Bäume. Vor dem Zaun schob die alte Nachbarin einen hölzernen Leiterwagen vorbei, es lag gebündeltes Holz darauf, ein paar Armvoll Holz. Es war nichts zu machen, das war es nicht.
Das Gelebte schichtete sich auf, bildete einen satten Körper, der keine endgültige Form behielt. Grasige Flecken ordneten sich wieder zu still dahinflackernden Reihen, nichts Plötzliches, auch wenn vielleicht sogar größere Verschiebungen dahinter waren.
Wie kleine harte Nieren waren doch damals die Zwetschken im Gras gelegen, aber schimmernd blau und mit einem mehligen Weiß überzogen. Keine Geräusche mehr, die sich fürchterlich aufstellten, der Schmerz, kein Geheimnis. Im Staub brach ein Auge auf, flatterte und sank wieder zurück, so schien es doch!
Und die Umrisse am Berg hinten waren wieder weicher geworden.

Dichtl

Versucht hatte Dichtl so ziemlich alles, eine Zeitlang sogar das Männerheim und die gestreckte Klostersuppe,

für die auch recht geschickt gebetet wurde, selbst das Stammeln brachte er hin.
Von einem ehemaligen Kriegskameraden, der ihn durch Zufall auf der Straße getroffen und trotz allem sofort wiedererkannt hatte, erfuhr er, daß bereits mehrere Treffen seiner ehemaligen Panzerdivision stattgefunden hatten. Eine Einladung hatte ihn natürlich nie erreicht. War das zu verschmerzen?
Im Februar 1945, als er im Ruhrgebiet von den amerikanischen Truppen gefangengenommen und dann nach einigen Wochen in einem Auffanglager an die französische Atlantikküste bei Le Havre gebracht worden war, hatte er gehofft, auf einen der Transporte in die Vereinigten Staaten zu kommen. Er war aber dann einer der ersten gewesen, die nicht mehr eingeschifft wurden, blieb ein Jahr lang in Europa in Gefangenschaft, bevor er ins provisorische Österreich »heimkehren« konnte.
Er hatte damals den Wiederaufbau aus verschiedenen Perspektiven miterleben können, eine geraume Zeit hatte er selbst recht kräftig mitgeholfen, sogar eine Wiederaufbau-Briefmarke war zu dieser Zeit erschienen. Hei, wie die Jahre dahingeschossen waren!
Bei Dichtl war freilich aus den Neuen Zeiten nichts geworden.
Frei und gläubig begann er zwar zu schreiten, er ging zu verschiedenen Zeiten an verschiedene Orte, aber was war das alles gewesen?
Eine versteckte Tätowierung mit dem Anfangsbuchstaben seines Heimatortes schmückte ihn wie einen vergessenen Häuptling, und er blieb dieser Häuptling, vielleicht bis zum Schluß – verkannt, aber scharf auf den Pfeffer der Welt.
Zu einem Nachtasylkollegen murmelte er knapp vor dem Ende, er habe unter einer Bank einen völlig intakten Edelrost-Springer gefunden, er zeigte ihn auch vor, schau her, zack zack.

Dobretsberger

Der Türöffner summte, tief und lang. Amon wartete noch. Dann trat er ein, griff dabei ins Inlett seines Firmenmantels, seine Werkzeugtasche streifte am Rahmen der Haustür.
Im Stiegenaufgang überholte ihn ein Kind, das im Leuchtfarbentrainingsanzug die Stufen hochkeuchte. Vor einer der Wohnungstüren lag ein Fußabstreifer, gebastelt aus unzähligen umgedreht auf ein Brett genagelten Bierflaschenverschlüssen.
Als Amon im 2. Stock ankam, stand die Tür mit dem Schild »Dobretsberger« schon offen, er klopfte trotzdem, und die Frau, die von Josef Dobretsberger manchmal als »sein Frauerl« bezeichnet wurde, kam ihm in Bastschlapfen und einer Kittelschürze entgegen.
Sie hatte ihrem Ehemann kurz zuvor gefrorene Semmeln aufgetaut, zum Dank dafür saß Josef Dobretsberger jetzt da, kaute schweigend. Seine Finger ordneten kleine Wurstquader, als Amon ihn grüßte. Mit einem Gesichtsausdruck, als würde er von unten her verfaulen, zog Dobretsberger eine seiner Arschbacken nach rechts, saugte den ganzen Körper nach, erhob sich und schritt mit Amon auf den Fernsehapparat zu.
Als Dobretsberger das Gerät einschaltete, hörte man zu stark flimmernden Bildern, daß irgendein Wohltätigkeitsklub mit dem Erlös mehrerer Verkaufsausstellungen von Bastelarbeiten einen neuen Krankenwagen finanziert habe. Amon versuchte die Bildschärfe neu einzustellen, schaltete dann auf mehrere andere Kanäle um und schraubte schließlich die hintere Abdeckhaube des Geräts auf.
Für eine knappe halbe Stunde blieb er nun beschäftigt, ein Zeitraum, der genügte, daß Dobretsberger ihm ungefragt immer wieder Mitteilungen über Beruf und Privatleben machte, wobei Amon zwar den einen oder anderen Kurzkommentar zu Dobretsbergers Gejammer abgab, dabei aber vor allem darauf konzentriert blieb,

die Bildstörung zu beheben. Dobretsberger indessen geriet immer mehr in Fahrt, betonte, daß er nach acht Jahren als Fahrer beim Durstexpreß bald endgültig genug habe, Kisten, Schweiß und Hetzerei, das reiche ihm. Amon schüttelte sich beifällig, Luft fuhr in die Stulpen seiner Arbeitshose.

In der Küche wusch Hilde Dobretsberger Geschirr und Besteck, eine Folge von Griffen, zu denen sie ganz leise summte. Kein Mensch wird es glauben, daß auf dem Gestänge ihrer Brille eine junge Raupe herumkroch, und doch war es so – Hilde hatte zuvor eine Zeitlang mit frischem Kohl hantiert, die Brille vielleicht auch einmal kurz abgenommen – egal ... Josef Dobretsberger saß inzwischen schon auf der Couch. Im Lauf der Jahre hatte sich da natürlich mancher Dreck angesammelt, besonders dort, wo die kleinen Knopferl auf den Stoff gesteppt waren; Dobretsberger sah jetzt darüber hinweg, er hoffte nur, daß Amon den Schaub-Lorenz bald fertig bekäme, den Sport wollte er lieber nicht versäumen. Amon aber hatte bereits erkannt, daß er das Gerät zur Reparatur wohl mitnehmen mußte, er klärte Dobretsberger darüber auf und bat ihn, ihm beim Hinuntertragen zu helfen.

Dobretsberger fauchte, half aber freilich mit, was denn sonst.

Als er, nachdem er mit Amon den Fernsehapparat im Lieferwagen verladen hatte, allein wieder zurückkam, schnauzte er sofort seine Frau an, warum sie denn vergessen habe, Amon eine Jause herzurichten, vielleicht hätte der die Reparatur dann doch noch hingekriegt ... Hilde Dobretsberger gab keine Antwort. Josef brüllte bereits. Jetzt wurde seine Frau weinerlich, schluchzte kurz, wandte sich ab.

Eine Zeit blieben beide still, dann plumpste eine Art Entschuldigung aus Josef Dobretsberger heraus, doch nun reagierte Hilde nicht. He! Plötzlich sprang sie auf, schnalzte ihm eine aufs Hemd, backhand. Ihr ganzer Körper fuhrwerkte auf einmal vor ihm herum, so kannte

er sie gar nicht. Hallo! Schon hatte er ihre lockere Faust im Gesicht, der nächste Schlag traf die Lippen, aus! Hund Gottes! Josef fiel wie ein Kalb über seine Ehefrau her, er hatte ähnliches auch schon oft im Fernsehen gesehen, er raste, fotzte drauflos, geriet sofort außer Atem, wollte aber unbedingt das letzte Wort haben.
Das Toben setzte sich über einige Minuten fort, ließ dann schnell nach und gab die beiden ohne ernstliche Verletzung wieder frei. Schweigsam gingen sie getrennten Beschäftigungen nach, abends dann bald ins Bett, auf jeden Fall deutlich früher als sonst.

Edeltraud Pribil

Tagsüber ein kurzes Gespräch mit einem Wegarbeiter, viel mehr blieb ihr ja ohnehin nicht. Der Wegarbeiter war aus dem Nachbartal, aber hier besserte er für eine Woche die vom Regenwasser ausgewaschenen Forststraßen aus.
Im Teich landeten laut zwei braune Enten, stemmten die Schwimmhäute gegen die Wasserdecke. Ein Buchenblatt trieb zu Boden. Auf einem graugrünen Steyr Daimler Puch kam eine Ladung Soldaten aus dem Wald, ihre Tarnanzüge von Lehm überschmiert, sie schienen zu grüßen, als sie vorbeigefahren wurden. Sie waren also guter Dinge!
Acht bis zehn Meter über der Straße summte die Starkstromleitung, auch die Pflanzen ringsum vibrierten in den Zellwänden, verschlampten womöglich gar ein paar biologische Prozesse, wer weiß.
Immer wieder ging ihr der Reißverschluß auf, über den Nußbäumen brannten auseinandergebrochene Wolken.
Das letzte bewohnte Haus war von einem Lattenrost umstellt, um einer kräftigen Sorte von Kletterbirnen ein für allemal Halt zu geben. Astern bogen sich aus runden

Holzfässern, die mit schwarzer Erde gefüllt waren. Hinter dem Haus ein stilles Rind, die Schnauze zugebunden mit einem schweren braunen Lederriemen, Edeltraud wußte warum.
Ihr Kind brachte in aller gehörigen Stille eine Muschelhälfte aus Plastik, die mit frischen Kastanien gefüllt war, leerte sie schweigend ins Gras. Sonne schien. Neben dem Heustadel stelzten die schwarz glänzenden Saatkrähen herum, zwei drei vier, paßt.
Edeltraud Pribil atmete ganz ungezwungen. Im Mund war zähes Wasser, Speichel also, er wurde durch die Drüsen in den Sprechraum gepreßt, die Zunge schob ihn nach vor und zur Seite, auch in die Speiseröhre floß manchmal ein wenig hinab.
An der Koppel standen die zwei Pferde, warteten auf den Stallburschen, der ihr Sohn war. Nirgends eine Geschichte. Im Pertlgraben mußte sie heute noch die Rüben ins Gewölbe schaufeln, in den letzten Winkel des Lagerraums.
Ihr Berufstraum war es einmal für kurze Zeit gewesen, in einer hellen Werkskantine beispielsweise den Mikrowellenherd zu bedienen, die Speisepläne für die jeweilige Woche mit Reißnägeln an das Korkbrett beim Eingang zu heften, und lauter so Zeug. Aber sie wußte schon damals, daß der Silo ihr eigentliches Schicksal bleiben würde... Mischfutter auf das Förderband werfen – sie hatte wenigstens Muskeln, von oben bis unten!
Ihr Jüngster brunzte mittlerweile wieder einmal in den Hasenstall, daß die Tiere einen nassen Fleck am Hals haben würden, und Schuld hätte dann sicher wieder sie. Manchmal konnte man wirklich meinen, der Gott habe diesen Buben zum Sauhund auserkoren, solche Sachen stellte er an. Zuletzt hatte er Feuerdornbeeren auf die Stacheln gespießt, auf daß die Vögel sich mehr anstrengen müßten. So war das eben!
Es war ja nichts Neues, aber sie mußte doch immer wieder von neuem daran denken: Die geschotterte Gemeindestraße lief am Ende des Pertlgrabens fast

geradeaus ins Flußbett hinein, höchstens zwei Meter Schutzraum. Daß da niemand hineinfuhr!
In einem anderen Tal, erzählte ihr der Wegarbeiter, ging übrigens das seltsame Gerücht um, daß in einem Wirtshaus an der Bundesstraße ein als Haustier gehaltener zahmer Klammeraffe eine Kellnerin ins Brustbein gebissen habe. Alles nicht notwendig.

Falk

Auf dem Weg vom Südhang der Ausläufer des Kalkgebirgsmassivs zu einer terrassenartigen Anschüttung, auf der die Anlagen einer Landmaschinenfabrik plaziert sind, tun sich zu den verschiedensten Tageszeiten verschwommene Abgründe von Naturfarben auf, die durch Solarisation theoretisch zum Explodieren gebracht werden können.
Die Ablösung und Überlagerung der Bilder durch die sich ständig verändernde Qualität des Lichts erzeugt bisweilen den Eindruck, als würde alles aus dem Gesichtsfeld wegfließen, so täuscht das.
In der Fallbewegung der Farben zwischen unmerklichem Absinken und Sturz scheint sich dafür die Energie für eine nachfolgende Aufwärtsbewegung zu sammeln. Bei entsprechenden Wetter- und Lichtverhältnissen ergeben dabei die Farbstrahlen zusammen mit den Abstufungen der Schatten und deren Abklingdauer eine in verschiedene Lichtwerte zerbrochene optische Dampfwolke, die an den Rändern entweder zu flimmern beginnt oder bereits in kleinere Flächen zerfällt.
In den frühen Vormittagsstunden reflektiert auch die Haut der an den Pflanzen haftenden Feuchtigkeit die äußeren Umrisse der Umgebung in ständig wechselnden Zusammensetzungen. Sehwinkel des Betrachters und wechselnder Sonnenlichteinfall erzeugen dabei weitere Verschiebungen, die wieder mit den durch die übrigen

optischen Bedingungen ausgelösten Sensationen verschmelzen. Bei Sonnenuntergang können dabei in der Vorstellung Nachbilder ausgelöst werden, deren Beschaffenheit bald stark von den sie auslösenden Reizen abweicht, ein einziger Zirkus das. Cilli Falk, eine langjährige Bewohnerin dieser Landschaft, glaubt darin eine Entsprechung zum Verlöschen von Erinnerungsbildern erkennen zu können. Sie nimmt diese Überlegung jedenfalls seit einigen Wochen immer wieder auf und gestaltet sie müßig durch, bis ihr auch der Prozeß der sprachlichen Bewußtseinsarbeit zumindest im Kern damit vergleichbar scheint.
Sie verwendet unter anderem den traditionellen Begriff Phantasie und mißt an ihm die Erscheinungen: Geisterhafte Bilder aus einer verkehrten Welt, in der die scheinbar unbegrenzte Zahl von Konstellationen und Projektionen zurückführbar ist auf neurochemische Hirnfunktionen innerhalb eines Schädels, der sich selbst möglicherweise nur noch dadurch zu ertragen vermag, daß er aus der Einzigartigkeit seiner ganz persönlichen Kopf-Geschichte auch auf die Möglichkeit der Auflösung der gesamtgesellschaftlichen Lähmungserscheinungen schließt. Ganz einfach.

Fink

Die Frühsportler waren schon unterwegs, Körper, Körper. So ähnlich könnte auch eine Geschichte beginnen, oder?
Laszlo Fink ging an der Winterschule vorbei, sah weiter hinten die Stallanlagen. An gewissen Tagen wurden am Gehsteig Kartoffeln verschenkt, geistliche Lieder gesungen, man machte schnell mit, Jesus war über das Wasser gegangen, die Augen der Soldaten hätten geglänzt in der Geschichte.
Oder schlichen bloß Jugendliche herum, Schallplatten

britischer Skinhead-Musikanten unter dem Arm, käsefarbene Kleidung? Hinter einem Magirus Deutz lag eine Strumpfhose.
Fink nahm den Weg Richtung Bezirks-Mütterheim. Im Mütterheim lag Henriette, eine junge Frau aus dem Tafelland. Die Exekutivbeamten des Tafellandes trafen sich manchmal zu Fortbildungsveranstaltungen in einem Hotel mit einem angeschlossenen Mehlspeisenlokal, das von vielen Besuchern nur mehr kurz Germhütte genannt wurde.
Henriettes Vater war Exekutivbeamter in Ruhe, der im Garten einen Wohnwagen geparkt hatte, mit dem er bis zu zweimal jährlich kleinere und größere Reisen aus dem Tafelland hinaus unternahm. Von diesen Reisen kam er immer mit Diafilmen zurück, auf einem dieser Dias saß er vor einem Teller mit einem Tintenfischgericht, lachte verschämt. Ja, und Rudolf, der uneheliche Sohn von Henriettes Vater, der sich in stillen Stunden gern selbst als Charakterschwein bezeichnete, wurde vom Vater gekonnt verleugnet, einfach so. Nicht einmal Henriette wußte von einem Halbbruder Rudolf, der Filialleiter eines Lebensmittelkonzerns war und als »ganz junger Mensch« einmal mitten in einem Kornfeld gelandet war mit dem Volkswagen eines befreundeten Soldaten.
Und so weiter. Fink dachte das aus dem Gehen heraus, stellte ein paar Überlegungen an. Die Auflösung des Körpers in Schritten.

Fischeneder

Um halb elf zwickten sie ihm den elektrischen Strom ab, hussa! Würde er von jetzt an vielleicht kalt essen und leben?
Er fror nicht, das Wetter war gut; Himmel, Arsch und Zwirn, er hatte, was er brauchte, oder etwa nicht?
Über den Azoren wußte er ein Hoch, er hatte gestern

abends noch Radio gehört. Was kümmerten ihn die Flauten, die ihn umgaben?
Ein paar Walnüsse zierten das Fensterbrett, er sprang in die Holzlade hinaus, riß den Verschlag auf: Hatte er etwas erwartet? Die Sägespäne waren hell und braun, klebten feucht auf dem gestampften Boden. Hier hing sein Arbeitsschurz, die Säge berührte mit dem Blatt das feste Leinen, die schweren Schuhe hatte er an.
Einmal noch sollte sich der Briefträger herwagen, er würde ihm wohl mehr als die Haut abschürfen! Nun hörte er den Ziegenbock husten, auch der wollte Nahrung, richtig, es würde sich alles schon fügen.
Fischeneder ging vorerst zur Selch, zeigte zielstrebige Bewegungen für jeden, der ihn hätte sehen können. Ein geflochtener Korb stand ihm im Weg, er stieß ihn nicht um, sondern sprang einfach darüber, wie aus einem Guß war das.
Jetzt fielen ihm die Eier ein, er kehrte wieder um, jagte die Hühner davon, griff in die warmen Nester, soff zwei der Roheier, körperwarm, wie sie waren. So konnte es bleiben, er hielt das ja aus, er wollte es doch, oder nicht! Sein Speichel war fest, er warf eine Einheit davon auf die Wand, zog Luft durch die Nase nach, alles wie immer. Große Wolke! Bagatellen! Das Land spannte sich rund um das Anwesen, es spannte sich um seine Anwesenheit, ein paar Krähen liefen ins Abschüssige hinein, schwarze, glänzende Tiere, etwa vier an der Zahl. Fischeneder langte nach dem Speck, trug ihn in die Stube hinüber, tätschelte ihn dort. Dann wußte er nicht mehr weiter – vielleicht überlegte er auch nur. Hauchdünn stand Schweiß auf seiner Oberlippe, der Rede nicht wert, so sollte man meinen, aber freilich war das wieder nur so eine Redensart.
Auf dem Geschirrtuch saß bewegungslos ein schäbiger Falter, schlief wahrscheinlich – oder war es etwa gar eine Stickerei, aus seligeren Zeiten?

Floimair

Wie alles dünstete im Frost! Es war schon so, keine Angst! Floimair jedoch schritt im gefütterten Gummimantel dahin, vorne verknotet, hinten ein hoch auflaufender schwappender Schlitz, armeegraues Gut. Es gab Jauchepfützen am Weg, wäßriges Gelbbraun, heller an den Rändern, flockig bisweilen, durchzogen von strähnigen Bändern wie schwach gefärbtes Polyvinylchlorid.

Floimair plante einen Vortrag über die Bescheidenheit, Entwürfe dazu hatte er bereits mehrmals umgearbeitet, sogar ein Zitat von Proudhon war eingebaut! An seinem Wagen war die Kurbel für das Seitenfenster gebrochen, ein kalter Luftzug begleitete ihn auf seinen Fahrten zu den diversen Volksbildungsheimen und Arbeiterkammersälen. Oft riß ihn irgendeine Verspannung der Muskeln in den momentanen Ernst zurück, seine Angehörigen nannten das scherzhaft Schutzengel.

Einmal war er im Gehen in ein aggressives Husten ausgebrochen, das sein vegetatives Nervensystem so erschütterte, daß er sich im Afterbereich urplötzlich selbst beschmutzte. Er flüchtete in eine windgeschützte Häuserreihe, zornig und beschämt, es war fast wie ganz früher, angeschissen! Steif zog er durch die Bungalowsiedlung, hinter einer Glaswand mit Pflanzeneinfassung lief ein Zeichentrickfilm, es sprangen die Linien und Flächen, der Mensch in der Welt.

Alles was abgespult werden konnte, drängte jedoch vehement auf sinnvolle, kräftige Meta-Bereiche, die dicht ineinander vernetzt das gewaltige Reservoir der Wünsche speisten. Ein Gedanke darin: Daß vielleicht in einer Falte des Unterbewußtseins unbemerkt jene Instinktsteuerungen überlebt haben könnten, auf die es von der Art her gesehen letztlich ankommen würde. Das verlorene Gattungsverhalten ans Vorbewußte geschnallt und nun fremd und nur mehr unzureichend gefüttert von den Erfordernissen der Ratio. Schönes Herum-

rudern! Die Überschaubarkeit, nein, ihr Gegenteil eigentlich, wurde für Floimair nun mehr und mehr zum Programm, das er agil und mit Sorgfalt austrug.
Schön war es vor allem, wie immer wieder Bildungshungrige aus nah und näher an seinen Lippen hingen, er belohnte die Gekommenen mit proportionierten Einsichten, kolportierte fesche Abstraktionen für alle, brachte alles ins Lot, Volkshochschule, neunzehn Uhr dreißig.
Und von seinem Schlüsselbund baumelte zu Recht eine winzige Nachbildung einer Aristoteles-Büste, ein Geschenk aus früheren Tagen. Komm Schöpfer Geist, komm nur.

Frieda Axmann

Der Sohn nahm ihr eine kleine Südfrucht aus der Hand, sie merkte nichts davon, war versonnen dagestanden in Priesterhaltung. Plastilinbäckereien, von Kinderhand gefertigt, lagen in doppelter Griffweite. Rache, Segen, all diese Konstrukte, mit denen sie von Kind auf gelebt hatte, was sollten sie nun?
Frieda Axmann besaß ein Automobil, Granada, marzipanfarben, versichert war sie gegen so ziemlich alles, und nicht bloß sie allein, eh klar. Ohne Hast blickte sie jetzt auf die vorbeistreichende Katze, die Flocken im schwarzen Fell hatte, es war Asche, sehr wenig, Navy Cut. Waren die Worte wie Zitzen, die niemand mehr brauchte? Täglich wurde der Schädel, in dem sie steckte, ein klein wenig weicher oder härter, egal wie das war, es war fast dasselbe, sie spürte es.
Gestern mittag hatte sie beim Wandern unter einem Jagdstand hart am Stamm einer Lärche ein Magazin mit in einzelne Phasen zerlegten Geschlechtsakten gesehen, sie hatte ihren Rundgang dann fortgesetzt und sich über

die Jäger belustigt, die vielleicht schon am Nachmittag mit ihren weiten Mänteln und den Waffen kommen würden, die Feldstecher nicht zu vergessen!
Sie setzte sich jetzt auf die Couch, küßte sich im Sitzen aufs Knie, eine winzige Bewegung nach vorne, dann saß sie einfach da. Ein Schnittlauchbrot lag auf einem Teller, sie selbst hatte es da hingelegt, sie griff danach und biß hinein, kaute wie ich und du. Der Sohn hatte das Radio eingeschaltet, das Landesstudio Burgenland übertrug ein wildes Konzert, eine musikalische Auflösung des Pythagoräischen Lehrsatzes, wenn es so etwas überhaupt gibt. Sie zog ein wenig an ihrem Schipullover, der Sohn fraß an der Südfrucht. Draußen jetzt ein Lastwagengeräusch, der Grubendienst war da, die Männer legten die schweren Schläuche aus, taten ihre Arbeit. Über der Schulter des Sohnes standen bemalte Gläser in einem Wandschrank, es waren Grashalme, die auf die Gläser gemalt waren.
Vielleicht war überhaupt alles vorüber, die mönchischen Wanderungen im Regen, die dann doch fast immer bei mehr oder weniger Bekannten endeten, bei einem gemeinsamen Essen, am nächsten Morgen höchstens ein Frühstück noch und dann aus, weg. Die Sehnsucht: tränenüberströmt. Aber geh. Sie blies blättrigen Staub vom Tisch, zerbröselte hauchdünne Häute von Erdnüssen. Aufpassen!
Eine Ansichtskarte lag ihr zu Füßen, ein hölzernes Ruder in Großaufnahme, Monument einer Verbissenheit, dahinter das Königsblau.
Jetzt rückte sie sich ein wenig zurecht auf der Schnürlsamtcouch, feilte die Fingernägel an den scharfen Kanten des Reißverschlusses der Strauss-Hose. Sie hatte vielleicht bloß ein bißchen in den Kopf hineingesungen, es hatte sich das in kraftvolle Windungen hineinverlaufen, Melodik des Waldrands von gestern: Idylle. So weit, so gut.
Jetzt im Zimmer war auch alles andere weg, es stand nur noch das Licht da, weich und trüb, als ob es durch eine

gefüllte Schweinsblase ginge. Der Sohn werkte nun mit den Bausteinen, errichtete ein Tabernakel aus Lego, der halbe Tisch war schon angeräumt.

Fritz Ledscher

Hier nun findet Ledscher sich wieder ein, um zu streichen. Er hat den zierlichen Staketenzaun (mit Metallquasten auf jedem dritten Stab) in den letzten Tagen in aller Ruhe abgeschliffen und auch schon minisiert, nun muß noch der eigentliche Schutzlack aufgetragen werden. Der Zaun ist – wen's interessiert – etwa 15 Meter lang und schließt einen Kreis um das Goldfischbecken mit Seerosen.

Ledscher hat mittags bei seiner Nichte ein Bries verzehrt, die meint es gut mit ihm. Trotzdem bleibt sie zurückhaltender als Ledscher selbst, weiß der Teufel. Aber wahrscheinlich bewirkt ein Schuß Anstand bisweilen ohnehin mehr als manch wuchtiges Gefuchtel.

Beim Rückzug vom Mittagessen in den Park herüber konnte Ledscher überfahrene Kröten sichten. Sonst nichts?

Wie kommt er dazu, sich von der Tochter seiner Schwester immer wieder bewirten zu lassen, er schmarotzt ja schon richtig, nur weil er selber halt ein Pfuscher ist, der nichts Rechtes zusammenbringt, stimmt's? Die Schmutzwäsche wenigstens trägt er an Freitagen gern ins Wasch- und Bügelcenter, zahlt brav, wie es auch richtig ist, alles andere später.

Ledscher streicht ohne Eile, taucht den Pinsel meist nur am Spitzerl ein, offensichtlich ist das die beste Technik, er muß es ja wissen. Er kratzt sich in der Afterfalte, spuckt in die Seerosen; soll er auf Manchester eine Bank setzen oder nicht? Letzte Woche hatten die Trotteln unentschieden gespielt und sein Zehner war wieder weg, Feuer!

In unbeträchtlicher Entfernung von Ledschers Arbeitsplatz haben sich zwei Jugendliche breitgemacht, im Schatten eines Denkmals nehmen sie sich bald nur mehr wie ein bunter Knoten aus, der manchmal zu zucken scheint: Ledscher will nichts richtig gesehen haben, er blickt schnell zu den südamerikanischen Blutbüschen hinüber, macht sich seine Gedanken, spürt aber ein Ziehen um die Vorhaut. Im Springbrunnen plätschert das Wasserl, die Goldfische streichen durch die Lichtfäden, die wie flackerndes Moospulver gegen den Grund des Bodens schwingen.
Ledscher hat – wie sich später zeigen wird – noch eine Konserve mit Hering in Tomatensauce in seinem Seesack, seine Jause wahrscheinlich, dazu natürlich auch ein Scherzerl Brot sowie einen Dosenöffner.
Ja die Fischerl, sie haben alle ihr Hirn und ihren Bauch und ihren Schwanz, mit dem sie alles in allem ohne Umstände herumkurven, nicht wichtig.
Zwei Mädchen gehen mit einem Metalldetektor die Kieswege entlang, suchen wahrscheinlich nach Kleingeld.
Er sieht auf seine Arbeitsstiefeletten, Schlangenlederimitation, ein veralteter letzter Schrei aus der Zeit, da Ledscher noch ein junger Knutscher gewesen ist.
Jetzt packt er ein, kaut an einem Zündholz. Er trinkt noch schnell aus, was in der Flasche ist, schleckt züchtig den Rest Tomatensauce und Öl aus der geöffneten Heringskonserve, dann wickelt er sie in ein Zeitungsblatt und wirft das Bündel in den Abfallkorb beim Pavillon. Vergiftete Rinder sind auf dem Zeitungspapier zu sehen, eine Dienstagzeitung, eine von vielen. Ledscher blickt an einem Baumschwamm vorbei, der wie ein fleckig-gelber Teller aus einem fast schwarzen Lindenstamm herausragt. Verdauen, ausscheiden, wieder nachlegen, trinken nicht vergessen, alles in gewissen Abständen, so geht das. Und der Mensch spritzt seine Vorstellungswelt in die Kulissen hinein, verklebt alles mit seiner ganz persönlichen sozialen Geschichte, Tabletten

werden ihm verschrieben, er rückt vor, bekommt irgendeine Dreckszulage, ein Vertrag läuft aus und wird verlängert, oder er wechselt die Firma, der Lehrherr bringt sich um, weil seine Frau ihn endgültig abhängt, sie pfeift auf die Kinder, diese wiederum saufen Vogeleier aus und hauen die Schalen ins Gras, im Springbrunnen rempeln einander wieder die Herren und Damen Fische symbolisch an, reißen die Mundöffnungen auf, gieren bewegungslos weiter, fächeln dann Schichten der Flüssigkeit von einer Richtung in die andere, ihr Ort heißt Becken, rundum Festland und Beklommenheit oder nicht und diverse Wanderungen des Geistes, auch wenn niemand sich was denkt...

Wie der Überschuß sich in Lähmung verwandelt, wenn man nicht dahinter ist! So geht es eben. So ist es. So steckt es im Hirn.

Auf dem Heimweg macht Ledscher einen Abstecher in einen Gemüseladen, kauft etwas Sellerie und Karotten. In seinem Carrera Moneyboy-Börserl gibt es je ein Fach für Münzen und Papiergeld, Ledscher zahlt mit Papier.

Manchmal überkommt ihn ein Gefühl, als wolle er fortan recht zufrieden sein, egal was man sich mit ihm noch alles erlauben sollte. Sinnend zockelt er im Randgebiet zwischen Gehsteig und beginnenden Gartenanlagen dahin, quert bald einmal die Straße, kommt am Friseurbetrieb vorbei, aus dessen Ventilatoröffnung zerschnitzelte Luftblätter fallen, für das menschliche Auge freilich nicht sichtbar.

Vor dem kleinen Kino des Orts (»Lichtspiele«) sind Mopeds abgestellt, an den Seitenwänden der Benzintanks kleben Abziehbilder und ungeduldige Sprüche, Jesus lebt! Nur Fliegen ist schöner! usw. In einem Schaukasten links vom Kinoeingang hängen farbige Filmfotos, auf einem davon schaufelt ein Neger einen Salpeterhaufen in einen offenen Eisenbahnwaggon. In der unteren Reihe weitere drei Bilder, eines zeigt ein Auto, das durch einen reißenden Fluß fährt, Affen auf

dem Gepäckträger halten sich an Munitionspaketen fest, grüßen mit ihrem hellen Gebiß und den schön parallel in den Kopf hineinlaufenden Nasenlöchern.
Ledscher nimmt seinen Weg vorbei an Obstgärten, die ihren Umfang in die noch nicht zum Baugrund umgewidmeten Flächen neben dem Kino hineinschlagen.
Bald kommt er zum Bahnübergang, von wo man schon das Auengebiet sehen kann, an dessen besiedeltem Rand er im Stockhaus eines pensionierten Lehrerehepaars zwei möblierte Zimmer bewohnt.
Nach dem Tod seiner Eltern war ja das gepachtete Feinkostgeschäft schnell aufgegeben worden, nachdem auch die älteste Schwester weder besonderes Geschick noch Lust gezeigt hatte, den Laden weiterzuführen.
Geschäftige und eher betrachtende Partien wechselten einander im Leben der großen Schwester schon seit jeher auf eine seltsame Weise ab, und Ledscher, der von eben dieser Schwester zu einem guten Teil auch erzogen worden war, fühlt sich sogar jetzt noch auf eine nicht alltägliche Art zu ihr hingezogen. Sicherlich auch deshalb lastet für ihn und seine geschiedene Schwester plus Tochter manch angedeuteter Verdacht hinter allerlei lauwarmen Anspielungen der Ortsansässigen.
Als er sich dem Haus des Lehrerpaars nähert, liegt Melvin, Wachhund und Spielgefährte der Lehrerin, wieder auf der Hausbank und läßt die Ohren schnalzen, als er Ledscher beim Gartentor hereinkommen sieht.
Melvin entstammt dem Samen eines Jagdhundes, der den Sohn des Apothekers vor Jahren in den Ellbogen gebissen haben soll. Es ist dies in keine Chronik eingegangen, aber noch leben Leute, die sich daran erinnern, nicht zuletzt der Gebissene selbst, der mit dem geschiedenen Mann von Ledschers älterer Schwester zusammen beim Bundesheer gewesen war, sogar in ein und derselben Zimmergemeinschaft.
Ledscher tritt an die Seite von Melvin und gibt ihm ein Traubenzuckerbonbon auf die lappige Zunge. Die Lehrerin in Ruhe steht bei den Begonienkisten und zupft

verblühte Formen aus der Masse. Sie trägt keinen Ohrring, sie selbst will es so, obwohl sie sich in ihrer Jugend im Trubel der Ereignisse einmal heimlich die Ohrlapperl durchstoßen ließ. Es war dies just zu der Zeit, als sie erstmals zu wissen vermeinte, was sie sich unter Verliebtheit vorzustellen hatte, im Zusammenhang mit der kurzen Berührung ihrer Lebenskurve mit jener eines gewissen Steinheiler, später Filialleiter einer kleinen ADEG-Niederlassung in einem Ort an der Grenze zum benachbarten Bundesland und für obige Zusammenhänge zu weit vom Schuß. Falls Steinheiler heute manche ADEG-Kunden in seinem Ort aber insgeheim etwa an ein Kamel bzw. Dromedar zu erinnern vermag, so weil er sich im Lauf der Jahre eine den ganzen Arbeitstag gleichmäßig durchziehende Mahlbewegung seines Unterkiefers (von links nach rechts kreisend) angewöhnt hat – wahrscheinlich ein harmloses Nervenleiden.

Im Stiegenaufgang, durch den Ledscher in seine Wohnung hinaufspringt, hängen ehemalige Lehrmittel und Wandbilder aus der Zeit, da die beiden Penzenstadler, so heißt das Paar, noch im aktiven Schuldienst gestanden sind. Vom Pillendreher bis zur Gottesanbeterin ist alles vertreten, ist man vorschnell zu sagen versucht. Ledscher tätschelt den Handlauf. Auf einem Stockerl im Halbstock des Stiegenaufgangs steht ein alter Globus, dessen Ozeane Penzenstadler irgendwann mit einem etwas zu kräftigen Blau nachzufärben versucht haben mag, so daß die ursprünglich noch halbwegs erkennbaren Meerestiefen auf einen phantastischen Einheitswert gebracht scheinen. Außerdem war natürlich für Fjorde und Buchten Penzenstadlers Pinsel zu grob gewesen und hatte so manchen Küstenstrich in Wasser verwandelt, siehe Norwegen etc.

Von Ledschers Wohnschlafzimmer, zu dem eine Balkonattrappe dazugehört, kann man über den Gemüsegarten bis in Reste eines früheren Moorgebiets hinübersehen, die Färbung der Gräser im Sumpf geht von einem fast schon gelben Grün bisweilen in ein hartbraunes Rot hinüber – für akademische oder nichtakademische Landschaftsfexen, von denen es in dieser Siedlung immerhin gleich zwei oder drei gibt, vielleicht nicht ganz ohne Bedeutung. In Ledschers Wohnschlafzimmer also, dem größeren der beiden Räume, hängt an der Wand über dem runden Tisch eine detailgetreue Nachbildung eines alten österreichischen Vorderladers, einfach so.

Ledscher schüttet ein wenig Nitroverdünnung in eine kleine Schüssel, wäscht damit letzte Spuren von Farbe von seinen Fingern. Er läßt die gebrauchte Flüssigkeit aber nicht lange herumstehen, sondern leert sie durch einen Trichter in eine größere Flasche, von der nicht recht klar ist, was es mit ihr für eine Bewandtnis haben mag.

Dann tritt er ans Fenster und sieht im Garten den pensionierten Lehrer (Schulrat i. R.) in kurzen Hosen und mit einem leicht bandagierten Knie vor den Rhabarberblättern stehen und anscheinend auf diese einreden. Ledscher schüttelt sich, wäscht sodann die Karotten im Waschbecken mit seiner Nagelbürste. Danach schaltet er seinen tragbaren Fernsehapparat ein, sieht in einer Nachrichtensendung Panzer befreundeter Truppen rollen, da ist nichts gestellt oder so.

Er schaut die Postwurfsendungen durch, man will ihn und viele andere wieder einmal zu einer Fünftagereise überreden, und tatsächlich, ein paar finden sich ja immer wieder zusammen und nehmen sich ein Herz, fahren da mit, bieten dem Reiseleiter oder dem Busfahrer nach dem zweiten gemeinsamen Abendessen das Du an und fallen bitteschön in Prag oder Brüssel oder sonstwo angesoffen in die Betten ... (»Ich bin hier, und du bist mein Sofa ...«)

Ledscher schiebt das Papier mit dem Reiseangebot in den Pappkarton, in dem er auch alte Zeitungen sammelt, wuzelt ein kleines Brieferl mit Kaliumpermanganat aus seiner Gesäßtasche und legt es beiseite.

Drüben in der Landmaschinenfabrik hat bereits die

Tagesschicht geendet, eine Serie von Trockenfuttergebläsen ist auf dem Lieferplatz abgestellt, die schwache Sonne läßt sie noch ein wenig schön sein und geht dann hinter einem sich über einen Hangbuckel hinziehenden Mischwald unter.

Ledscher wäscht sich nun wieder, jetzt Rumpf und Achselhöhlen, trocknet sich ab, stopft die Schmutzwäsche in die Mikado Kaffee-Tasche aus abwaschbarem Industriekautschuk und läßt den Herrgott, wie es in einer ihm recht geläufigen landesüblichen Redensart heißt, einen Mann sein.

In seiner Küche, wenn man sie so nennen will, rattert die Kuckucksuhr. Es ist dies genaugenommen keine richtige Kuckucksuhr, sondern der holzgeschnitzte Kukkuck ist herausgeschraubt und durch eine kleine Superman-Figur ersetzt worden, eine Spielerei, die Ledscher kaum noch beachtet.

Penzenstadler, inzwischen schon mit einer verschossenen Windbluse bekleidet, da es langsam kühler geworden ist, schafft immer noch im Garten herum. Er ruft seine Frau, die daraufhin die Hände wie Schalltrichter an die Ohrmuscheln legt und den Kopf nach vor reckt: Sie steht bei den Zuckererbsen und hört offenbar nicht gut. Penzenstadler winkt sie heran, sie folgt ihm tatsächlich, und als sie nur noch sechs oder sieben Schritte von ihm entfernt ist, schupft er ihr mit einem weichen Schwung eine tote Wühlmaus in die Schürze – und die Frau schreckt sich gar nicht! Sie kennt ja ihren Mann, der hat schon öfters Schädlinge zur Strecke gebracht, und das war doch nur gut, warum sollte sie da lang aufkreischen oder entsetzt zurückschrecken!

Penzenstadler steht jetzt so, daß er von seiner Frau her gesehen wahrscheinlich ziemlich genau in das Sgraffito hineinpaßt, das die Hausmauer ziert, eine volkstümliche und handwerklich biedere Darstellung des heiligen Georg, der den Drachen getötet haben soll. Der Entwurf war vor Jahren von einem Hobbymaler der Siedlung angefertigt worden, die Ausführung hatte

dann der Malereibetrieb übernommen, bei dem auch Ledscher tätig ist, und es hätte vielleicht gar nicht viel gefehlt, und er selbst wäre bei der Arbeit damals dabeigewesen.
Imposant hat dieser Georg ein Knie vorgeschoben und die sehnige Hand ausgestreckt, ähnlich wie Penzenstadler, nur hat der schon einiges von seinem früheren Schwung verloren, das weiß auch seine Frau, und trotzdem hält sie fest zu ihm, recht so.
Frau Penzenstadler blickt jetzt die Wühlmaus an, läßt sie in der Schürze ein wenig auf- und niederfedern, das gefällt ihr richtig, und bald wirft sie sie so hoch, daß sie Mühe hat, sie mit der wie ein Sprungtuch ausgebreiteten Schürze wieder aufzufangen. Unter ihrer Schürze trägt sie ein ansprechendes Arbeitskostüm, dem man erst bei genauerem Hinsehen anmerken kann, daß es aus einer Gendarmerieuniform geschneidert sein muß. Für Eingeweihte wäre die Herkunft dieses Stoffes auch kein Rätsel, wüßten sie doch, daß Frau Penzenstadlers Schwägerin, also ihres Mannes Schwester, mit dem Postenkommandanten der Gendarmerie eines mittleren Bezirksortes verheiratet ist.
Frau Penzenstadler hat indessen die Wühlmaus, indem sie sie immer wieder ein wenig in die Luft haute, bis zum Komposthaufen in der Ecke des Gartens befördert.
Der Nachbar, ein Bodenleger, der gerade sein Enkerl auf dem geflochtenen Kindersitz an der Lenkstange seines Herrenrades von einer Spazierfahrt zurückbringt, sieht voll Anerkennung das Mauserl an, das Frau Penzenstadler nun im Komposthaufen begraben will.
Das Enkerl des Nachbarn – eben noch hat es im Sitzen mit der Fahrradglocke gespielt – will nun um jeden Preis die Maus angreifen, darf aber nicht, fängt sofort zu brüllen an, daß es sogar Ledscher bis in sein Zimmer hinauf hört.
Im Garten jagt Melvin Schiwago, den Kater des Bodenlegers, bis zu den Ribiseln und über den Zaun. Ledscher lächelt, schneidet dann ein wenig vom Horn

seiner Zehennägel ab, reibt die Zungenspitze an der Unterlippe, als wolle er irgendwelche unsichtbaren Spuren zusammenschlecken.
Vor einigen Tagen war eine gestauchte Frau im Wolljackerl an seiner Tür aufgetaucht und hatte ihm sowohl den Pfarrbrief als auch die Kandidatenliste für die Pfarrgemeinderatswahl gebracht, freundlich lächelnd, so daß ein wenig Mohn zwischen ihren Zähnen sichtbar wurde.
Diese Frau kommt ihm nun in den Sinn, wahrscheinlich weil er sie heute im einzigen Fotogeschäft des Ortes getroffen hat, als er wieder einen Film zum Entwickeln ablieferte.
Ledscher verfügt nämlich bereits über eine beeindrukkende Diasammlung, angewachsen über die Jahre, und immer noch findet er Gefallen daran, hin und wieder ein paar Fotos zu schießen, »zur Erinnerung« ...
Er legt jetzt die Nagelschere beiseite, springt wie nichts zum Kasten, an dessen Seitenwand das zusammenklappbare Projektortischerl lehnt, schnell ist alles aufgestellt, das Fenster verdunkelt. Er legt ein Magazin ein, das mit einem kleinen Heftpflasterstreifen gekennzeichnet ist, darauf steht eine Jahreszahl. Fast blind greift er nach dem Bedienungsschalter, läßt das erste Dia einlaufen.
Ha, das ist ja er! In der Heeresuniform, die ihm inzwischen längst ein Siebenschläfer auf dem Dachboden des ehemaligen Elternhauses zerfressen hat, daß überall Löcher klaffen. Ledscher war Sanitäter gewesen, das Bild war von einem seiner Kameraden während der Grundausbildung aufgenommen worden. Links neben ihm Hruby, der bald danach stillschweigend in der Landesnervenklinik verschwunden sein soll, mit Unterbrechungen zwar, in denen ihn aber immer wieder der Trunk mit voller Wucht eingeholt hatte, nervöse Erschöpfungszustände, über die meist nur schwache Witze gerissen wurden ... Hruby, arme Sau!
Es folgt eine Serie von Aufnahmen aus der Kaserne, ein zwei Schnappschüsse von einem Manöver irgendwo

hinter einem Dorf namens Theuerwang oder so, wo der Schlamm die Tarnanzüge noch einmal getarnt hatte. Bäh! Ohrwaschel im Dreck, dann hatten sie die mitgebrachten Platzpatronen verschnalzt, damit eine Ruh war. Ein Hase war dabei wie im Wahn aus den Blättern geschossen, mittags hatten sie kurz pausiert und in Deckung eine Inzersdorfer Jagdwurst aufgerissen ... Wie weit liegt das alles schon wieder zurück!
Auf einem anderen Bild steht er in voller Rüstung und mit dem Sturmgewehr der Grundausbildungszeit unter der hölzernen Teppichstange im Garten der Eltern, das Gesicht voller Wimmerl. Die Mutter selbst hatte ihn fotografiert, damals muß sie noch beide Brüste gehabt haben, genau. Als nächstes ein paar Aufnahmen von einer Bergfahrt mit zwei Arbeitskollegen, sie hatten nach einer Gebirgsüberquerung in einem ehemaligen Gutshof übernachtet, den eine mit einem der beiden Arbeitskollegen verwandte oder befreundete Familie in Pacht genommen hatte. Knapp hinter der schimmligen Außenmauer schoß dort der Eisbach vorüber, sie hatten nach der übermüdenden Tagesstrecke sofort geschlafen, vom Rauschen des Bachs mitgetragen, er weiß es noch genau!
Und am nächsten Tag war doch – ja, da ist es eh schon! – das Bierfest in der Firma, wo er in einem alten Sportwagerl, einem halboffenen Kinderwagen also, einen Sauschädel dahergebracht hatte, weiß wie Milch! Den hatten sie dann in einer langen Prozedur, zu der auch ständiges Singen dazugehörte, zubereitet und nach systematisch angebrachten Schnitten untereinander verteilt und gegessen. Aiaiai, aiaiai, das ist längst vorbei ... Aber lustig war's, eine Gaudi, wirklich!
Bleib da, Leser, schau dir's noch ein bisserl an, es ist ja noch nicht aus, Ledscher wechselt nur das Magazin ...

Gangl

Das Knusprige der Erfordernisse: Nur her damit!
Ja, als Kellner hatte Gangl es mit Gesten (sic!) zu tun, Redensarten, Geflunker, verklemmtes Getue, sollte es sonst noch etwas sein? Die Entblödung überzeugte vor allem in den Details, Hingabe, Dienstleistung, in den überheizten Gasträumen sprang der Lack auf den Holzböden, niemand hörte es.
Gangl kannte sämtliche verfügbaren Möglichkeiten der Rache, er setzte sie ein, je nach Bedarf, indem er etwa eine Speisekarte besonders schlacksig hinschnalzte oder bei einer Bestellung nur mit einem Ohr hinzuhören vorgab, wobei die Augen schon den schadenfrohen Beifall der Nebentische einholten, er machte auch hier sehr gute Figur, seiner eigenen bescheidenen Meinung nach.
Die Appetithappen, wie er sie daherbrachte! Diese Aura der Verschwörung und des kontrollierten Gerade-Noch, und indem er die notwendige Form nur noch parodierend zu erfüllen glaubte, faßte er immer wieder festen Mut.
Es gab Gäste, die Gangl von vornherein so einwies, daß sie an den letzten Tischen vor dem WC zu sitzen kamen, was unter anderem bedeutete, daß unter Umständen dann und wann Leute mit bereits geöffnetem Hosenschlitz vorbeigingen, Mahlzeit, dachte Gangl.
Seine Geistesgegenwart und die sogenannte Spannkraft schrieb er der täglichen Lecithin-Dosis zu, darüber hinaus hatte er einen starken Hang zum Dahinwursteln, ein Erbe mütterlicherseits, wie es hieß.
Gangl verfügte über eine beachtliche Mineraliensammlung, ganz im Ernst, auch besaß er eine Reihe von Vogelnestern, die er früher auf jugendlichen Streifzügen abmontiert und dann auf schön lackierten Aststücken im Zimmer befestigt hatte. Von seinem Schädel existierte eine Serie von Tomographien, Kopfbildern mit geringfügigen Schattenflecken im Großhirnbereich. Seit zwei

Jahren fuhr Gangl deshalb regelmäßig zur Kontrolluntersuchung – Routinesache –, um allfällige raumfordernde Prozesse schon in der frühestmöglichen Phase zu erfassen. Auch die Aktionsströme in seiner Hirnrinde wurden von Zeit zu Zeit gemessen, einfach so, zur Sicherheit.

Aber Gram war Gangls Sache nicht, er betrachtete die Zukunft als verläßliche Gutschrift, die Gegenwart bewältigte er wie im Schlaf. Er konnte sich sogar des öfteren regelrechte Entgleisungen leisten, sie blieben ja ohne Konsequenzen, die Leute merkten sie oft nicht einmal!

Einen älteren weiblichen Gast mit Nato-Jacke, der ein Pußtaschnitzel erbeten hatte, grinste er einmal bloß verächtlich an, starrte frech in die Pupillen der empörten Frau – sie hatten die Farbe gedünsteter Hasenleber –, natürlich brachte er ihr dann doch noch das Essen, aber... er »haute sich einfach ab«, wie er das gerne nannte.

Das Wasser schlug Gangl übrigens auf derselben Toilette ab wie die Gäste, hierin war er ihnen also gleichgestellt – doch tatsächlich bewahrte er sich auch dabei etwas, was er als Machtgefühl empfand: Von Zeit zu Zeit nämlich veränderte er mutwillig Telefonnummern oder ganze Adressen von Pissoirkontaktversuchen, die er auf die Fliesen gemalt oder in die Klowand geritzt fand. Hunde! dachte er und fühlte, wie ihm heiß wurde vor Genugtuung.

Gerti Samhaber

Am Nationentag (graues Gewölk schoß wie Krusten über den Horizont) reisten die Eltern Samhaber zur zweitgeborenen Tochter, die zwar beileibe nicht wehleidig war, aber seit geraumer Zeit regelmäßig Rausch-

mittel verwendete, um die Stunden entsprechend hinzubringen.
Ihre Unterkunft war ein Zimmer mit Küche im ersten Stock eines an einem Hang gelegenen Altbaus, der Hang eine Naturschönheit, eine kleine Erhebung in einer mittleren Landeshauptstadt, in der Gerti nun seit einigen Jahren schon lebte.
Sie war so etwas wie der gescheiterte Stolz der Familie: Buchhalterisch ausgebildet, hatte sie schon immer etliches an Erwartungen auf sich gezogen, besonders was ihre Bereitschaft betraf, den Verwandten bei Bilanzen und Eingaben an das Finanzamt praktisch beizustehen. Freilich mußte das über kurz oder lang darauf hinauslaufen, daß sie die Kosten eines ansonsten vielleicht notwendigen Steuerberaters ersparen mitzuhelfen bereit sein sollte, vergelt's Gott.
Unter der von Moos und Nässe überzogenen freien Stiege zur hinteren Eingangstür war ein weißes Surfbrett abgestellt, es lehnte am Mauersims und gehörte irgendwelchen Nachkommen der Hauseigentümer. An diversen Sommernachmittagen tauchten diese Luder dann immer kurz im Hintergarten auf, packten das Brett zu zweit oder dritt und trugen es nach vor, wo ein dunkler Golf parkte, dem sie es im Nu auf den Dachträger schnallten. Laßt doch der Jugend ihren Lauf...
Gerti war gewarnt worden, sie wußte, daß ihre Eltern aufkreuzen würden, und sie wußte, daß die Eltern wußten, wie es ungefähr um sie stand. Die Gedanken wie mächtige Ängste im Feuermantel, eisgraue Welten, dodelsicher verbrannt alle Brücken und Boote, und zurück blieb die fiebrige Maske, in deren Zucken sie drinsteckte.
Gerti kam vom Land, war freilich mittlerweile eine Fremde auch am Land und in der Stadt schnell am Rand, in einem waghalsigen Lied verschmorten köstliche Menschenherzen, irgendwer sang das so, sie hatte es vergessen. Sie zog einen Raster vom Schmerz bis zur

Sehnsucht und ließ sich darin nieder, fliegende Natur, alles auf und davon, der Stoffwechsel, bald auch Präparate, contra!
Auf der Glasabdeckung des Barometers neben dem Eingang zur Apotheke klebte ein weißer Kaugummi, seit Wochen schon, und der fiel nicht runter, sie sah ihn jedesmal wieder!
Vor einigen Tagen noch war es so heiß gewesen, daß in den Mülltonnen die verfaulenden Abfälle zu gären anfingen, Klumpen von hellen Würmern in verdorbenen Gemüse- und Knochenresten, und die Bewegungen der Passanten fächelten den Gestank ein Stück vorwärts, ein Stück nur.
Gestern nacht hatte dann ein heftiger Sturm kühleres Wetter gebracht und dabei auch gleich mehrere Reklameständer umgeworfen, die Möbelideen und Zigarettengeheimnisse strahlten meilenweit in den dunklen Himmel hinauf, daß einem anders werden konnte.
Gerti Samhaber wurde es nicht anders, obgleich es ihr gegen den Strich ging, daß nun offensichtlich auch die Eltern die Nerven verloren oder zumindest Wind bekommen hatten. Sie saß da und wartete, versuchte möglichst harmlos auszusehen. Mit einem Zehennagel kratzte sie an der zuckerlfarbenen Küchentapete herum, gab es dann wieder auf.

Großdesner

Die Naturfreunde veranstalteten ein Gaudifest, Scheibtruhenrennen, Hutwerfen und allerlei ähnliches Geschmeiß, und Großdesner war da natürlich dabei, hoppauf!
Die Kinder hatten sich fette Knödel aus Fensterkitt an die Enden der Haselnußstöcke geknetet, Ältere, wenn sie männliches Geschlecht hatten, trugen nicht selten

allerhand Gamsbärte auf grünem Filz, alles war erlaubt.
Ja, als Kind, das ist richtig, wurde Großdesner von einigen Mitschülern Magenschas gerufen, aber das gehört nicht hierher. Für sein Geschau übrigens konnte er auch nichts, vielleicht wollte er bloß ahnungsvolle Blicke über die Erde schicken, und die Bosheit der anderen donnerte ihm wie eine Röhre dazwischen. Keine Spompernadeln jetzt!
Drüben am Straßenrand lagen Bucheckern, zertretene Kerne, und die alte Nachbarin mit den dick bandagierten Unterschenkeln fußerlte Richtung Ort, um auch ein wenig von allem mitzubekommen. Grüß Gott, Pater Ferdl! Edi Wolf, auch schon auf!
Eine Apfelspinne seilte sich von einem Blatt herab, in Schichten legte sich das Licht hinein, gutes Bergwetter war das. Im Wieserl hinter den Vernügungsbuden stand wie scharfes Elefantengras ein alpenländischer Pflanzenteppich, Großdesner schlug schnell seinen Harn dort hinein. Weiter oben, am Leitingerhang, fraßen die Kühe das Mostobst von den sich schon verfärbenden Bäumen. Na, ihr Helden! lächelte Großdesner.
Und die Luft, war sie gefiedert? Gegen den Horizont zu stieß der schwache Blick auf originelle Formen in der Art eines frisch angeschnittenen Preßschinkens, dazwischen leicht auffrischende Winde und sprödes Geflunker, der Wald schleckte alles zusammen.
Aus dem Schießstand neben dem Lebkuchenzelt grunzte ein beglückter Mensch, wahrscheinlich war die Plastikrose gleich beim ersten Schuß gefallen, Respekt. Großdesner war es wieder, als bräuchte er einen leichten Stoß, um genauer zu schauen, ohne sich an die äußeren Umrisse zu verlieren. Es ging ihm sauschlecht, aber das ging mit rechten Dingen zu. Gestern abend, na ja ...
Ein Rudel Mopeds schoß jetzt die Straße entlang, kam bald darauf zurück, verklang. Auch die Echsnerbuben waren wieder dabeigewesen, gerade die hatten es not!
Wir wissen, wie der Hase läuft, stand auf einem Plakat,

vor dem ein Kind mit einem Luftballon eine Portion Türkischen Honig mundwärts schob. Großdesner sah das und sah es zugleich auch nicht.

Gunda Paulitsch

Gunda Paulitsch geht in die Gitarrestunde, halbherzig und gedrückt, obwohl sie zuzeiten vor lebhafter Bewegung fast zu zerspringen meint, der Leser kennt das.
Auch ihr Sohn erlernt die Gitarrenkunst, auf ihren persönlichen Wunsch. Sie erwärmt sich für alles, was halbwegs als schöngeistig gilt, und seien es verdrehte Gefühle. Hie und da dringt dann ein ferner Schrei aus ihr heraus, sie hört ihn nicht, aber sie weiß. Was nottut, geschieht in der letzten Phase, es geschieht und ist vorüber, eine andere Zeit, die sich forsch und selbstsicher aufbäumt, Gunda Paulitsch wird sich zu behaupten wissen.
Abends liest sie nun des öfteren so ein oder zwei Seiten aus dem Sammelband Stifter, schreibt mit Bleistift freche Bemerkungen an den Rand. Trallala, notiert sie zu einer ausgewogenen Passage, die von scharfer sittlicher Angst durchglüht ist. Der sanfte Mühlkreis und sein Umfeld! Mild präpariert sie diverse Gedanken, sie verströmt sich in Phantasien von einer strahlenden Reise, heraus aus einigem! Nachts einmal ist sie wund vor eingebildeter Seligkeit in die kellerartige Garage hinuntergetorkelt, um eine bestimmte Musikcassette aus dem Wagen zu holen, sie suchte dann im Zimmer lange die genaue Stelle, ein gedehntes Solo auf der Piccolotrompete. Verlassener Kopf, ich rede zu dir! So etwa spricht sie in heillosen Momenten. Eine neue Frisur muß her, die Haare nach oben vielleicht, wer weiß, wozu das Brüten imstande ist, welches Echo noch aus der Erstarrung kommt. Seit kurzem schreibt sie Briefe an einen jungen Franzosen, nichts Ernstes einstweilen.

Tagsüber fährt sie nicht selten mit ihrem Sohn aus erster Ehe in eine verschilfte Senke, quert dann ohne Eile buschbestandene Hänge, an einem Hochstand reibt sie sich im Stehen das Kinn, die Borke riecht recht satt. Der Sohn wiederum schleudert Holzprügel in hängende Äste, poltert auf Hecken mit Beerenobst zu. Ihre mit Glasperlen bestickte Tasche, die er ihr trägt, streift über das junge Gehölz, bauschig und voll Güte. Und die Majoransauce vom Mittag stößt ihm auf, das Gehen strengt ihn immer sehr bald an, sie will das und weiß auch warum.
Keine Wehmut wühlt also in ihr, nur ein wenig Blut saugt sich in die Binde, die sicher auf der umsorgten Öffnung sitzt. Eine germanische Strenge überkommt sie, dann ist alles wieder nur noch bemessene Frist, die sie sich vielleicht selbst zu gewähren weiß, wie lange noch? Der Sohn, ein Arnold übrigens, haut einen Popcornsack in die Büsche, bisweilen preßt er ein paar Worte hervor, die Lippen etwa so wie die eines unruhig Schlafenden. Mit denselben Lippen schmust er angeblich hin und wieder mit zwei Schülern aus einer höheren Klasse, sie besuchen ihn sogar im Haus, an Nachmittagen, ohne Scheu, wie ihr scheint.
Seit einiger Zeit trägt Arnold auch wahnwitzige Fotos mit sich herum; sie fand eines unter seinen Schulsachen, es zeigte einen harten Affenpenis, das Tier hatte seine Faust an den Schaft gelegt, der Ausdruck des Gesichts beinahe menschlich. Sonderbares Kind, denkt Gunda Paulitsch, seit langem.
Der Franzose, dem sie schreibt, studiert Musik, der Sohn eines Mannes aus dem Heereskommando. Sie schreibt ihm gefaßt aus dem Kaffeehaus, wirft ein paar gemessene Sätze auf das Papier, ist dabei ständig versucht, lieber doch zu telefonieren, ein wildes Geständnis aus der Flyschzone!
Es gibt jetzt für sie kein Tagebuch mehr, keinen Marterpfahl der stillen Sentimentalitäten, sie ist mehr für die offene Straße. Am Lenkrad schwärmt sie dann von

einer stolzeren Bildung des Herzens, Aufguß aus dritter oder vierter Hand. Nur in den Geschichten reifen Menschen auch am selbstverschuldeten Schmerz, ein Gedanke oder was? Gibt es wenigstens einen Punkt in ihr, in dem sich die Kraftlinien sammeln?
Die dörfliche Jugend versammelt sich um den zertrümmerten Wagen, der am Straßenrand auf dem Dach liegt, das frisch gesplitterte Glas blitzt in der Sonne. Zurück in die Horde!
Das wünscht sie sich für Arnold, den Sohn – zu spät, natürlich, eine Geschichte also. Alles verwest in einer zusammengestoppelten Aura von Öffentlichkeit und Bindungen, Zugehörigkeiten, verkrampft, ein Überhang an schlechter Tatsächlichkeit, so wurde es schon einmal bezeichnet.
Aber ein paar Abende später läßt sie sich schon wieder das süßsaure Schweinefleisch bringen, Bambussprossen, Morchelscheiben, den ganzen Aufwand, alles muß sein! Vielleicht muß es sich nur hervortrauen, das andere Leben, auch das hat schon jemand scharfsinnig festgestellt.
An einem kleinen Tisch hinter ihr sitzt jemand und weint in die Serviette. Sie tut lange, als merkte sie nichts, erwärmt sich dann aber doch ganz von selbst, so war es noch immer.

Hanna Wurdinger

Die Arbeit an der Tankstelle womöglich hatte ihr diesen Pferdemund eingebracht, sie brauchte keine Grimassen mehr, der Mund war bereits verfestigt, dennoch breit und wulstig (von oben her).
Hanna Wurdinger stieg in einen Fanta-Fleck, der sich auf dem Asphalt ausdehnte, ein Kind hatte hier einen Pappbecher fallengelassen und war vom Vater, der auf das Volltanken wartete, umständlich geohrfeigt wor-

den. Einmal war Hanna Wurdinger ein roter Rex-Gummi auf die kleine Kochplatte im Kassaraum gefallen, mittags, er war sofort verschmort, kleine Blasen warfen sich auf, na mein Gott, und? Aber der Tankwart, mit dem sie nun eigentlich schon »fest« beisammen war, jagte sie wie einen Hasen, nicht nur wenn er voll war. Dafür fand er dann sogar immer genügend Erklärungen, das übliche. Und sie blieb, zumindest war sie immer noch da, nach all dem, was sie nun schon gefressen hatte.

Richtig zur Wehr gesetzt hat sie sich höchstens ein einziges Mal bisher: Die Fisolen, die sie ihm gerade wärmen wollte, bekam er samt dem Häfen auf den Kopf geschleudert, nachdem er ihr wieder einmal eine gesteckt hatte.

Am nächsten Tag saß er in der Tankstelle wie immer, wartete auf sie. Vom Cassettenrecorder hörte er ein hämisches Lied, in dem einer davon sang, daß die Scheiße bald den Ventilator treffen werde.

Schon in den ersten paar Wochen hatte er sie dazu überredet, doch einfach bei ihm zu arbeiten. Und am selben Abend hatte er ihr von einem Film erzählt, in dem ein Mann eine Frau gezwungen haben soll, sein Auto abzuschlecken. War das seine Welt, gingen hier die vielfach verfälschten Begierden auf? Ein Leben, fast aus dem Stand, dazu das eine oder andere schmierige Dienstleistungsverhältnis?

Sie dachte das nicht so, sie ging bloß dahin in ihrem ESSO-Mantel, füllte dann den Tank mit Supermix und brachte den Arbeitsgang zu einem befriedigenden Ende. Beim Rückweg ins Gehäuse blieb Zeit, über die Eierstockoperation nachzudenken, der Körper wird von unten her gespreizt und beleuchtet und beschnitten, angenehm wird das nicht ... alles was recht ist ... aber jetzt schnell den Nescafé herrichten, bevor der nächste Wagen dazwischenkommt.

Haubeneder

Schon als Bürscherl wollte Haubeneder angeblich zur Gendarmerie, so schnell wie möglich, also mochte auch nicht zuletzt deshalb alles so gekommen sein. Riesige Phantasien, die zu begrenzen waren, bevor die Zeit sie verdunkeln würde. Oder: Die Abstraktion von einer durch Reden und Binnensignale begrenzten Lebensform sollte selbst wieder kleinweis dazu dienen, die Bedingungen, die diese Erscheinungen zur Voraussetzung hatten, gegenüber einer nicht kontrollierbaren Zahl von Fragen und Verhaltensweisen zu rechtfertigen. Zing! Schiß je ein Hund auf ein Feuerzeug?
Haubeneder lachte gern ins Telefon, radierte am Tisch, machte auch draußen Dienst, die kindlichen Königreiche waren still und ohne Aufhebens zerfallen, es gab dafür dieses Hochland der Gelassenheit und nichts dauerte länger als möglich.
Die Jause lag, wo sie hingefallen war, meist im Ladl neben der Aktentasche, gut. Und Haubeneder schliff im Kopf zum Beispiel irgendwelche Quadrate ab, einige von ihnen hatten Namen wie Die Letzte Tankstelle Vor Dem Ortsende, Schritt Für Schritt usw.
Mußte sich einer der Beamten übergeben, konnte er dies auf dem WC erledigen, es kam aber praktisch nie vor.
Hatte Haubeneder Bereitschaftsdienst, schlief er tagsüber meist ein paar Stunden vor, oder er legte sich im Halbstock auf die überzogene Impala-Matratze, in der Ecke auf dem Stockerl vielleicht eine importierte Männerzeitschrift, vielleicht aber auch nicht. Tell me you love me, stand jedenfalls einmal irgendwo drauf.

Hechtl

Hechtl stand da wie eine Sennerin. Die Fliege hatte schon ihre Beine zur Landung ausgestreckt, da fing er sie noch aus der Luft, ohne Gnaden. Auch um den Körper floß Luft, von der Zimmerdecke her waren manchmal ein Hopsen und ein Tappen zu hören, aber das Ohr nahm die Geräusche, wie sie eben kamen.

Hechtl gähnte, schob dann die gedörrten Apfelspalten in die Mitte des Tisches. Durch all das ging kein Riß.

Ähnliches galt für den Aufbruch im geborgten Wagen der alten Trudl, bei der es einerlei war, ob sie nur lästig herumschaute oder auf die Erscheinungen losging, tätlich wurde bzw. herumpeckte. (Der Knüppel der Gangschaltung hatte allen Ernstes die Form eines Golfballs!)

Bald ging es durch die Landschaft, in der in absehbarer Zeit Schnee liegen würde. Tausendsassa Schnee! Im Rettenbachtal war eine gewaltige Nase aus dem Fels gesprengt worden, scharfer Schotter überzog die Forststraße.

Die feinen Haare am Fingerrücken glänzten, der Glanz gehörte zu Hechtl. Ein kurzer, stark abschüssiger Weg führte zum Fluß hinunter, der weiche Nadelboden federte bei jedem Schritt. An der Biegung stand ein Schwarm dunkler Forellen im tiefen grünen Wasser, der Wahn aber wurde wieder hell.

Schloß Hechtl die Augen, zog der Kopf ihn auch schon fort. Die Spitzen der Pracht wie Gras über Gräsern: Wo waren die Ringe, die alles zusammenhielten? Die alten Distelsamen, von längst vergangenen Schlägen des Regens verklebt und wieder trocken geworden, sie hingen verfilzt im Gewebe. Golfstrom des müden Bewußtseins! Und dann sollte alles einfach platzen? Rauch im Herzen, du auch hier? Würde es eines Tages wirklich anders sein?

Erinnerung, schleich dich in die Abzweigungen zurück! Luftfische ihr! Wollte auch Hechtl nur die Bilder ins

Innenleben hinüberretten? Diebische Momente, die immer »dick da« sein mußten ...
Drinnen im Zimmer flog eine Fleischfliege ihre Schleifen, bis sie matt wurde und zur Landung ansetzte. Hechtl stand da wie eine Sennerin.

Hedi Senn

Lobet Gott und das Schneewasser, sie bringen die verschollenen Dinge ans Licht!
Josefa Schoissengeier gab dem taubstummen Drittgeborenen ein paar Zeichen, die dieser anstandslos kapierte, es war fast immer so. Josefa, verschwägert mit Hedi (Hedi hieß jetzt wie vormals auch Josefa, also Senn), Josefa berührte mit beiden Gummistiefeln den harten Boden. Hedi Senn hingegen vermißte ein paar stabilisierende Konturen, so lautete eine der vielen Unterstellungen, die wie ein Teig aus Vermutungen – die freilich endlos zerredet waren – den Raum zwischen den beiden Ohrmuscheln beschäftigten, wenn nicht gar ausfüllten. Und am oberen Eck der Augen stand der Überdruß, man konnte ihn leicht übersehen, so gut hatte er sich getarnt. Oft verwünschte Hedi folgerichtig auch die ganze Verwandtschaft, in die sie hineingeraten war, so hieß es. Wie mittelalterlich gab sich eigentlich das dampfende Land, das die anonymen Schläge verteilte?
Hedi trug eine Arbeitshose aus rauhem Stoff, auf eine der Stulpen war, so seltsam es klingt, ein winziger Fliegenpilz gestickt, roter Umriß, weiße Punkte, das genügte. Hedi war oft mehr als nur unruhig, innerlich trabte sie herum, besorgt um den Fortgang eines Geschehens, in dem sie zumindest einmal ohne Tricks drinnen sein wollte. Hedi als Kind hatte noch ein Spiel gekannt, bei dem jeder Teilnehmer mit einem kleinen Hammer oder dergleichen einen unverwechselbaren Rhythmus auf den Eßtisch schlug, bis alle Rhythmen

zusammen ein dichtes Geflecht aus Schwingungen ergaben, die sich unter Umständen auch schützend über das Tagewerk zu legen vermochten. Für Außenstehende schwer zu verstehen, bot dieser einfache Ablauf doch so etwas wie einen Halt in unruhigen Zeiten, und Hedi erinnert sich noch gut an einen Rhythmus, den sie einer Gruppe junger Musikanten abgeluchst hatte, die sich The Monkees nannten. Wie doch die Zeit verging!
Wie froh war sie, wenn sie des Nachts manchmal glaubte, alles nur geträumt zu haben! Tagsüber brachen dann die Anforderungen wieder unwirsch und hinterhältig über sie herein, oft schon knapp nach dem Morgengrauen, und so zog sie nicht selten mit einer Geste, die keineswegs mehr als harmlos zu bezeichnen war, eine Grenze um sich, die kurz nachdem die Hand ihre Bewegung ausgeführt hatte, schon nicht mehr zu erkennen war. Gab es sie noch? Und würde sie auch die ganze Firma, falls sie weiterhin auf ihr herumreiten wollte, mit einer ebenso entschiedenen Bewegung abwerfen?
Es war ihr leider nicht gegönnt, alles sehr schnell zu durchschauen, damit mußte sie sich abfinden, aber es gab da trotzdem einen Rahmen, der die verfestigten Umrisse umfloß und als Rahmen selbst schon wieder bizarr war, eigentlich nur ein Rest einer Gedankenkombination, in deren Zentrum dieser Fluchtwunsch stand, von irgendwem aus dem momentanen Geschiebe herausgeführt zu werden in eine denkbare Pracht, etwa als eine geheime Prinzessin, für die immer noch Platz wäre, ganz egal wo.
Ihr Stirnmuskel zuckte. Wieder! Dann gähnte sie, daß sie eine Träne ans Tageslicht preßte, so leidenschaftlich.

Herbert Herndler

Die Frauen der Segelflieger lagen in den Klappstühlen, bewegten die Keli-Flaschen und so weiter. Manchmal rieben die Hornknöpfe adretter grüner Rockbeschläge für Sekunden über Aluminiumgestänge, dann wieder wirkte ein Witz; zäh.
Die Krähen blieben vorsichtig, schmierten über dem Laubwaldkamm herum, bisweilen jagten ihre Schatten wie zerschlagene Bretter über die Vegetation.
Mehr: Herndler, der sich viel und manch anderen alles zutraute, gab sich wieder einmal überhöht, ließ seine Empfindungsbrücken schnalzen. Er saß in Carly, einem Einsitzer mit der Nummer OE 0702, wartete auf die Freigabe zum Start, pfiff leise in der Kanzel. Nun gab es niemand, der ihn halten würde, er war auf sich allein gestellt. Kuno übrigens war keinen Steinwurf weit weg, machte sich mit Hedwig nützlich, er war heute schon in der Luft gewesen. Hedwig haute ihr Feuerzeug aus der Ledertasche, sah, wo es hinfiel, hob es wieder auf, erledigt. Sie und Kuno waren zertrennlich, pickten aber doch immer wieder beisammen, es ergab sich.
Ah, wie Carly beim Start jetzt das Heck zum Boden drückte, um möglichst schnell an Höhe zu gewinnen, richtig so!
Und der kleine Transportwagen fuhr auf der staubigen Piste zur Seilwinde zurück, zog eine langsam hochdrehende Fahne hinter sich her, Bertl saß drinnen, Bertl, freilich.
Na, Windsack, fade Haut, was ist! Schwache Thermik. Und die Kanzeln blitzten im späten Sonnenlicht, Viertel nach fünf, kaum Bewölkung.
Links stieg der feste Laubwald an der Bergflanke hoch, keine Menschen! Aber am Waldrand hinter Buschgruppen schon verstreute Flaschen, Gummi, dann immer wieder auch Reste von farbigem Isolierband im Gras – die Modellbaufexen waren hiergewesen, auch sie also.
Schnell ein Lied? Anderswo knurrte man einander

gelangweilt ins Ohr, oder stimmte was nicht? Weit draußen über den besiedelten Ebenen schien ein Summen zu liegen, das manchmal flimmerte. Ja ja, ja ja.

Hermine Burgstaller

Ganz unversehrt war das Zeug geblieben!
Aber aufgewacht, und alles war geschwollen, die Gosche, der Kopf, der ganze Körper ein Fundbüro oder eine zornige, vergrämte Molluske. Eine Viecherei also letzten Endes, war das zu stark?
Hermine zog die Funken durch, es waren harmlose Funken. Die Kinder, die ihr tagsüber unterkamen, waren perfekte Erwachsene, bis in die Grimassen hinein. Besten Dank. So ähnlich hatte sie es gestern einem Bekannten erzählt und sich dabei so hingesetzt, daß er gut zwischen ihre Beine blicken konnte, wo der Zwickel der dunklen Strumpfhose sich spannte. Es gab auch eine Auflösung für den verwirrten Blick, richtig, ein Klimpern in der Herzgegend.
Ihre Pflanzen goß sie, anders als nach der Praxis in einem Gewächshaus, nur nach den Gesetzen der Willkür, bis die Erde etwa nach nassem Zimt roch, dann ein unverschämter Myzelgeruch, der sich mit dem Geruch ihrer Schweißdrüsen zu mischen schien, sie drehte gewissermaßen durch, so sagten ein paar.
Einer engen Vertrauten erzählte sie einen Traum, in dem ein Mann in einem weißen Overall einen vorübertrottenden Hund ansprang, daß dieser sich entsetzt zur Seite warf und in die Wiese hinein weglief. Ein kleines Lachen war zu hören gewesen, es gehörte ganz dazu, es war das Lachen des Mannes, das sie dann auch aufweckte. Aber die feinen Gedanken brannten wie Schilf, sie fühlte es, wirklich. Schloß vor, Riegel vor, im Gasthausbereich fädelte sie ihre Turnpatschen neu, ließ jedes zweite Loch aus, um Platz zu sparen, egal. Zwischen den verstreuten

Einzelheiten standen die psychischen Organisationsformen, die ein ständiges Zurückfluten in die gehabten Muster ermöglichten, obwohl so etwas wie eine Ahnung von den sich davonschiebenden Grenzgebieten immer dabei war und lauerte, also auch Unruhe erzeugte wie chemisch aktive Metalle in ...
War auch die Verzweiflung symmetrisch in ihren Forderungen? Mittags floß ihr eine Schmeißfliege in die Mayonnaise, sie mußte ersticken, als Hermine sie mit dem Löffel retten wollte. Und vor Jahrzehnten gaben ihr die ehrwürdigen Schwestern im Kindergarten den gekochten Reis mit Rosinen in den Mund. Schön, wie das war! Auch biß sie in manch festes Zitrusfleisch.
Am Telefon log sie jetzt ein paar strahlende Antworten daher, fischte sie nur so aus der Luft heraus. Dann gingen erneut schlatzige, fette Striche durch das allgemeine Heil, das sie sich mühsam ausgedacht hatte. Sie spuckte ein Stück eines zerbissenen Fingernagels auf die Wählscheibe, während aus dem Hörer ein paar verstärkte Schallwellen kamen. Die Zunge war ihr Herz, in das sie hineinbeißen wollte, solange ihr der Mut noch nicht ausgegangen war.

Josef »Nährvater« Schöffmann

Im Hirnbereich Sträucher, zerfetztes organisches Material in einer unberechenbaren Wachstumsphase, ein Dahinpreschen, elastisch, gepeitscht. Am Rand der Gedanken gähnte bisweilen ein sehniger weiblicher Silberlöwe, Schöpfer einer pathetischen Erbarmungslosigkeit, der Schöffmann jetzt endlich – also für immer und niemals – gewachsen sein wollte.
Schöffmann blickte herum, er streifte ahnungsvoll das Land, ein zwei Akkorde in seinem Inneren harmonisch angeschlagen, ein Zehntel von dem, was er vielleicht

zum Überleben brauchte: Fallender Engel! Der Hügel vor ihm stand und fiel mit der Form, die er aufwies, in diesem Fall etwa ein verdickter Knochen mit Huf, vernarbt an manchen Stellen, die landwirtschaftlichen Zubringerwege helle, knotige Krampfadern, es schien so. Unten in der Talsohle schimmerte die Bahnstrecke, Erzladungen rollten in die Zentren der Metallindustrie, Schöffmann trug nichts dazu bei.
Schöffmann prüfte auch die Luft. Er saß jetzt auf einer vom Fremdenverkehrsverband gespendeten Bank, sah bis hinauf in die Wolkenränder, in denen ein wäßriges Gelb aufschoß, fett wie Butter. Alles war überfällig. Schöffmann dachte das womöglich ohne Eile. Die ehemalige Sensenschmiede lag verwachsen in der Senke, das längst versickerte Maschinenöl hatte den Schutt unterhalb der Fensterfront getränkt. Das nahe gelegene Landgasthaus Waldklause war nun ein bescheidener Dienstleistungsbetrieb mit zwei oder drei gemeldeten Damen, eine Art Turnusdienst war herausgekommen, hier gab es keine Streitereien.
Vor dem Stall des nächsten bewohnten Anwesens, das Schöffmann von seiner Bank aus sehen konnte, quietschte der Mistkran über die eiserne Laufschiene, die schweren Greifer dampften in der Kälte.
Im Karpfenteich schräg daneben wurde das Wasser abgelassen, die trägen Fische pfeilten in Panik durch die schlammig zähe Suppe, bis die Kinder in hohen Gummistiefeln sie in eine seichte Ecke trieben, mit bloßen Händen einfingen und unter Geschrei durch die Luft wirbelten. Während Schöffmann herumblickte, stolzierten unscheinbare Hühner in allen Richtungen herum, wie es ihnen gerade paßte.
Auf der Wiese war das Gras ganz kurz, ein fester Teppich, aus dem nur einzelne buschige Inseln hervorstanden, Gruppen von giftigen Pflanzen, Nachtschattengewächsen, die von den Kühen nicht angerührt worden waren. Schöffmann sah nun zum Bachrand hinunter, wo ihm neben einer tüchtigen Schwarzerle ein

ausgewachsener Faulbaum auffiel, auch Scheißbeere genannt, Rhamnus frangula L., deren frisch geerntete Rinde stark brecherregend wirkt, während nach etwa einem Jahr trockener Lagerung verschiedene Wirkstoffe wie Glukofrangulin, Oxymethylantrachinone und oxalsaurer Kalk interessante Wirkungen zu erzielen vermögen, die denen sämtlicher anorganischer Mittel entschieden vorzuziehen sind. Schöffmann kannte Leute, die die mit Essig gesottene Rinde für Mundspülungen verwendeten, bei Mundfäule, ohne um die zahlreichen anderen und verblüffenden Wirkungsweisen der Scheißbeerenrinde zu wissen. Schöffmann freilich wußte darum und lächelte versonnen zu den Büschen hinüber, die Lippen geschürzt, aus Versehen vielleicht, wie sollte man sonst sagen.

Kaineder

In der Zeit der Strohsterne wurde abends immer aufgespritzt, also entstand eine Eisbahn hinter dem Wirtshaus neben der landwirtschaftlichen Berufsschule. Das Ganze war aber zugleich auch eine Huldigung an die Linie und ihre Verstrebungen, in letzter Konsequenz sogar an die Fläche und deren Abbildbarkeit am geometrischen Ort, der an keinerlei Bedingungen gebunden war – von einer einfachen Abstraktion abgesehen. Kaineder trat in den Vorraum der Gaststätte Dirnhirn, griff nach seiner Zündholzschachtel, auf der Schloß Laxenburg abgebildet war. Als er am Spielzimmer vorbeikam, hatte er sich bereits eine angesteckt, er sah eine ältere Frau an einem Flipperautomaten, und genau in dem Moment, als es klingelte, hob sie den Kopf ganz leicht an, drehte sich aber nicht um, so daß Kaineder ihr auch nicht ins Gesicht sehen konnte.
Die Luft war wie geflochten oder von starkem Moos durchwachsen, eine hantige Mischung, durch die von

Zeit zu Zeit der Wirt hindurchging, er hatte der ganzen Gaststätte den Namen gegeben, trug eine gefleckte Schürze und eine Gustav Mahler-Frisur. Als Dirnhirn schräg unter einem Hirschgeweih stand, riß knapp neben ihm Kaineder an seinem, Kaineders, Sacktuch an, das sofort aus seiner Hosentasche fuhr. Dirnhirn schüttelte ganz leicht den Kopf. Mit der Atemluft blies Kaineder dann in zwei kurzen Stößen Schleim aus den Atemwegen in das weiße Tuch, steckte es daraufhin wieder ein und schritt auf die Tür zur Küche zu.
Dort trat er ein, tat dann so, als habe er sich unerklärlicherweise an der Tür geirrt, und verschwand wieder, um nun ohne Umstände in die eigentliche Gaststube einzutreten.
Hier war es, wo auch für die matteste Existenz manche Tage noch eine Wendung nahmen, von der man später zumindest behaupten konnte, daß man sie in dieser Weise nicht ganz erwartet habe, also wieder so ein Schutzmechanismus für die tieferen Schichten, einer von so vielen, o. k.? Eine straff gekämmte Kellnerin teilte aus, prompt schlug einer aus dem Kreis der Gäste vor Lust oder Langeweile auf den Tisch, daß die Bestecke sangen.
Kaineder zählte die Sekunden über den Aschenbecher hin, er saß ja bereits und wartete nur darauf, etwas gefragt zu werden durch den Schaum aus Witzen und Ärmelschweißgeruch hindurch. Es waren Knoten im Fensterglas, mikroskopisch feine Luftblasen, und auch die nur an ein zwei Stellen, ganz knapp neben dem Eloxalrahmen, auf der gemusterten Bank lag eine Neue Revue, die Kaineder schon kannte, alles zusammen also etwa eine gepreßte – wenn auch nicht ganz gelungene – Kugel, das Ekelhafte höchstens wie weiche Schnüre um die Rundungen gelegt, roll on. Ein Schwanken nach Maß, Anschlüsse für jeden Bedarf, das Haben und die Seligkeit der kolportierten Machtphantasien, reden, reden, schummrig und flau wie Flamingos im Regen oder vorüberziehende Magnesiumvotzen, manche

Augen schon hunderlhaft und unternehmungslustig, sie wollten in Serie die knappe Mittelmäßigkeit zerdreschen wie das unzureichend Gelebte, es müßte doch auch einmal Platz sein für Ihre Eminenz, ein wirkliches Leben, die Pfandbriefe konnten scheißen gehen ...
Kaineder schloff aus seinem Wachtraum, sah rundum an den Tischen dieselben Mampfer wie vorhin hocken, also war keine Zeit vergangen, nicht viel zumindest.
Vom Vorhaus herein wälzte sich in wilden Schüben die Hauskatze, sie warf sich herum und schlug glatt in die Luft hinein, wahrscheinlich hatte ihr ein Küchenmädel wieder zum Spaß Baldriantropfen gegeben, feige Sau. Der Hinterkopf des Tieres schabte am Boden entlang, rammte sekundenlang den Schirmständer und hob sich dann in einer akrobatischen Drehung hoch, sofort schnellte der ganze Körper nach und schoß unter einen der Tische, wo ein bürgerliches Kleeblatt aus Ortsvertretern scherzte. Für Momente sah Kaineder gewaltige Hürden zerschellen, er reckte sich innerlich empor und wollte lebendig sein wie ein Krampus, er regulierte das Abschüssige und gab ein paar Außensteuerungen preis, trieb wie von Zotteln umfächelt durch unbewirtschaftete Räume. Wären künstliche Äpfel oder was denn noch alles dagewesen, sie wären womöglich mühelos zerfallen, ädrige Streifen über fleischiger Zelluloseimitation, es läge am einzelnen, das hinwegzudenken, alles.
Kaineder klopfte mit seinem Ring an das Glas, stoppte den Nachhall, indem er die Hand über den Rand preßte, sah ihm denn niemand zu? Auf der Mitte des Tischtuchs ein durchsichtiger Globus mit gesalzenen Erdnüssen, Einwurf 1 Schilling, die metallgefaßten Rahmenteile blaßgrün und dezent.
Gütig blickte Kaineder in die versammelten Arrangements seiner aus den Vergangenheiten gespeisten Jetztbilder, die tägliche Niedertracht sollte sich zupfen, er öffnete sein Gebiß und gab seine Absicht bekannt. Dann zog er auch schon seine Brieftasche heraus, bezahlte, was er genossen hatte, erhob sich im Rauch, der das Stüberl

überschwemmte, und verließ den Gasthof wie jeder andere Fetzenschädel, der je in diesem Betrieb versumpft war. Mondlicht lag über der Eisbahn, die Berufsschule baute sich imposant auf, Kaineder würdigte sie eines langen, irritiert herumflackernden Blickes.

Klara Katzengruber

Mit ein paar schnellen, serenadenhaften Schritten war sie an den Guanakos vorbei, um sich der nächsten Tierfamilie zu widmen.
Bei den Tigern faszinierte sie, wie die Raubkatzen in einem kurzen waagrechten Stoß ihren Urin an die lackierte Käfigwand spritzten, daß Schaum am Boden zusammenlief.
Am Abend zuvor noch eine Schwere ums Herz, die sich in einem gehetzten Schlaf aufgelöst hatte. Ein schlaffes Gemüt? Die meisten hiesigen Frauen schienen ihr von einem gewissen Alter an professionell mürrisch, verständlich. Es war dies also keine Maske, sondern das eigentliche Gesicht, betrogen und ohne die Kraft, das wenigstens einzusehen. Aus diesem Zwiespalt wuchs auch der strafende Blick auf alles, was sich noch anders bewegte als die in Fleisch gehauene Versteinerung. Damit war sie eingeschlafen. Beim Spazierengehen tags darauf kommt sie mit dem Kind in ein struppiges Erholungsgebiet, die Tochter findet am Wegrand eine leere Präservativschachtel (»Weltkatz«, österr. Erzeugnis), auf der Vorderseite eine Frau mit hochgesteckten Haaren (50er Jahre?) und einer schweren Brust, die schief zu den Rippen herabhängt.
Die Vögel: wie immer. Ihre kurzen, aus dem letzten Stück des Halses gepreßten Hacklaute, die den Schnäbeln entfahren, ihr Herumkreischen, nicht auffällig, nicht bösartig, es sind die Tiere der Zone.
Auf einer Bank hockt ein Verlassener in einem dünnen

Mantel und heult, lautlos fast, aber der Brustkorb gerät immer wieder in ein jähes Zittern, für das man sich in dieser Gegend schon in der Kindheit zu schämen gelernt hat.
Klara geht mit dem Kinde weiter, atmet wie immer durch die Nase, die Ringelhaube sitzt weich um den Schädel, aber der kann auch nicht einfach wegfliegen und auf Fahrt gehen wie ein Ballon, schau.

Klosterfex

Seit Jahren ist sein Handwurzelknochen angesprengt, der Schmerz kommt nur mehr selten und unregelmäßig, aber ab einem bestimmten Gewicht wird die Hand schwach und die Finger machen auf. Er hat schon schwere Bücher zu Boden gebracht auf diese Weise, gegen seinen Willen. Die Kinder schreiben in den Aufsätzen, daß die Nachbarn einander die neuen Rasenmäher neidig sind, und daß jeder nur mehr den Rahm abschöpfen wolle – verstehe das, wer kann! Er spezialisiert sich auf Wellenlinien und Birnenmost, an der Wand seines Arbeitszimmers hängt eine Zither, deren Klangkörper offensichtlich durch einen Fußtritt eingedrückt worden ist, die Saiten und der Steg jedoch sind ganz.
Im November, erinnert er sich, blickte er einmal zu schnell aus dem Klofenster und sah schon die Panzer kommen, festes Drahtgeflecht vor den Scheinwerfern. Es waren jedoch dann nur zwei Traktoren, die über den Hang herüberkrochen, aber irgendwie hatte er doch recht, er spürte es im Kopf.
In der Nacht schnalzt das Blechdach der Autolackierwerkstatt nebenan, es kühlt weiter ab und zieht sich in der Kälte zusammen, 180 Quadratmeter gewalztes Metall in einer ruckweisen Verformungsbewegung.
Seine Schritte durch das Jahrzehnt werden im großen und ganzen nur ungenau kontrolliert, findet er beim

Einschlafen. Das ehrt vielleicht seine Schritte, aber was soll das alles?
Am Morgen geht er schlaftrunken wie immer durchs Zimmer und merkt, daß alles angeschifft ist, der Teppich, der Bodenbelag, alles. Womöglich war nur das jüngere Kind über den Boden gekrochen, wer weiß. Nein, geht auch nicht.

Kneidinger

Fröstelnd ging Kneidinger an den hellen Därmen des Hundes vorbei, die über den nassen Gehsteig hingen. Mattheis bricht's Eis. Mehrere zerfahrene Stunden später holte er mit dem Rad den Sohn aus dem Kindergarten ab, wo immer noch ein paar Weihnachtsbasteleien an den Fenstern hingen. Vom Eis befreit sind Wald und Feld. Durch den Mittagsverkehr schob er das Fahrrad, immer wieder auf das Kind einredend, das bereits abgeschaltet hatte und ohne Antworten mit der freien Hand an den Hausmauern und Auslagen entlangstrich wie das gesunde Volksempfinden. War die Wirklichkeit endgültig aus dem Schneider? Verhornte Abläufe, Nirwana der Regungen? So und auch anders wußte er die winzigen Informationen als Impulse durch die Neuronen fließen, versponnen und kombinierbar, und vielleicht wäre es nur darauf angekommen, die Ergebnisse in Kernstücke und Ausbuchtungen zu sortieren – wäre damit nicht erst recht wieder eine mühsam errungene allgemeine Leere kaschiert worden oder so.

Kolbekhoff

Mit zunächst schweigsamen Leuten war Kolbekhoff in die abgelegene Mischwaldsiedlung gekommen, hatte dort das muffige Steinhaus mit Moos bis in Bauchhöhe wiedererkannt als das ehemalige Hexenhaus der frühen Kindheit, und die Leute begannen ihm jetzt langsam zu erzählen, durcheinander: Schwänke aus der späten Epoche körperlicher Aufgeschlossenheit oder wie man es nennen wollte, es lief im speziellen Fall darauf hinaus, daß einer beispielsweise die seit zwei Jahren in seinem Haushalt lebende, momentan unverheiratete Frau mit Kind auch weiterhin in diesem seinem Haushalt – für den er allein finanziell aufzukommen hatte – zu tolerieren gewillt war, solange sie als Gegenleistung für das Waschen von Geschirr und getragener Kleidung etc. zu sorgen bereit war. Geschlechtlich war die Trennung zwar längst vollzogen, die Berührungen beschränkten sich auf das zufällige Anstreifen im Haushalt, es waren ja neue Geschlechter an die Stelle der vorher einander dargebotenen gerückt, das männliche momentan gerade eine Art Wetterdistel, die die Selbsteinschätzung anzeigen sollte wie ein psychisches Wetter, Vergleiche, Witze, was noch ... So wurde erzählt, in Bruchstücken, die sich nach und nach zu entfalten schienen, im Tempo des fortgesetzten Dahinschlenderns, das etwa der Geschwindigkeit eines soliden Materialaufzugs entsprochen hätte.

Am Boden verschied ein Amselkörper, zerschlissenes Gefieder, ein Beben über dem schwachen Lid.

Sogenannte südländische Arbeitskräfte, Gäste, wie es auch hieß, bewohnten jetzt die auf einer Seite eternitverkleidete ehemalige Keusche aus Stein, daneben, im Stall, standen ganze drei Rinder, die Frauen der Arbeiter warfen frischen Klee in die Futtertröge, sorgten darüber hinaus für Sauberkeit, auch hier also, das sah man im Vorübergehen.

Das Land selbst lag berauscht in seiner Jahreszeit, egal

wie sie gerade hieß, es funktionierte alles, so schien es Kolbekhoff immer wieder. Dazu gehörten – freilich hinausgestoßen ins einzelne, aber doch typisch und überall »dasselbe« – auch die müden Geschichten der Leute. Genug davon.

Konstanze Biberauer

Sie will einen Raumteiler im Wohnzimmerl, damit sie auch einen Arbeitsraum hat mit allem Drum und Dran. Keine schlechte Idee, so dünkt es. Sie sucht die Suppe und findet den Schneebesen, Gloria in excelsis. Später kommt ihr Schmirgelpapier unter, mit dem sie früher die Manderl abgeschliffen hatte, Schub für Schub. Eine außerordentliche Süße geht von den Erinnerungsblitzen aus, ist das möglich?

Und ihr Schneidern gibt ihr entweder Kraft oder Freude, dazu auch noch Ansehen – letzter Beweis: ihre samtene Lachshose, ergänzt durch ein ärmelloses Pullowerl, alles zum Materialpreis, keinerlei Herstellungskosten! Allerhand!

Und irgendeine freudige Überraschung erlebt sie doch fast jeden Tag. Unlängst z. B. holte sie einen Hunderter aus der großen Bratfix, die sie lange nicht verwendet hatte, sie steckte ihn ein, semperte nicht lange herum, er gehört ihr und aus.

Ist alles schon einmal dagewesen?

Sie steht jetzt vor dem offenen Fenster, schaut hinaus. Unversöhnlich gabeln sich die Töne. Ein gelbes Plastikschiff lehnt an einer Hausmauer. Wir fassen zusammen. Die Wohnung in der Umbauphase ist ein Sauhaufen, aber die heilige Heizung ist gerettet, wie durch ein Wunder, das sie gar nicht verdient. Die Insekten sind tot, sie hängen dort, wo der Vorhang hängt, es sind vielleicht zwei oder drei auf den ersten Blick. Also gibt

es auch diesen Tod durch visuelles Ersticken, abgeschabte Facettenaugen, es lempert sich etwas zusammen.
Die Hyazinthenknollen sind fein heraus, sie liegen vergraben im weichen Torf, dort gehören sie hin. Wie heißt der schmale Zapfen, wo das Fenster dranhängt? Hat sie übrigens alles schon einmal gewußt! – aber der Gedächtnisschwund fungiert auch als rettende Theorie, es sind nur noch kleine Punkte, wenn man weiter weggeht, keine Vorvergangenheit. Gibt Schelter. Reißt die Verschlüsse auf. Alles offen schon. Ja und die Kiesgrube, sicher. Wo der Falke auf einem Pfosten saß. Paßt nicht hierher, wie so vieles, sie weiß das ja eh.

Leo Leibetseder

Am Ende eines endzeitlichen Gletschertales zog er jetzt dahin, unmittelbar am Rand eines mehr oder weniger stehenden Gewässers, umfaßte mit einem festen Blick das Unterholz mit einigen voll entwickelten Pilzgewächsen, Maronenröhrling, Birkenreizker, siehe Tabelle Seite 161. Eine Stiege in die Schmerzen hinein. Vielleicht lag im Gewässer tatsächlich verlorenes Menschenzeug, eine Uhr, ein Manschettenknopf oder ein Taschenrechner, warum denn nicht.
So beiläufig dachte er wieder an den Rat der Alten, es roch nach verbrannten Federn. Halb nach hinten gewandt blieb er stehen, verharrte. Eine hölzerne Latte ragte in die Luft, eine Art Wochenendhaus; war er hier nicht schon einmal gewesen?
In seiner Erinnerung brannten ein paar Dornbüsche nieder, standen schmierig in der Glut. Neben der Kapelle zum Beutel des schmerzreichen Herzens stand eine Straßenkehrmaschine der Firma Eder & Söhne, vom Rückspiegel baumelte eine nackte Negerpuppe mit

tellerförmigen Brüsten. Aus dem Fenster eines Wirtschaftsgebäudes hingen frisch gewaschene Bergschuhe in der Abendluft, das war alles. Nein. Im Hof ein leerer Gelierzucker-Karton, Hühnerfutter bedeckte den Boden.

Eine halbe Stunde später war der redliche Schweiß im Baumwollhemd mehr oder weniger aufgetrocknet, aber niemand da, um die Flächen als solche herumzuschleudern wie Alabaster oder zerstampfte Infanteriekapseln, ein wenig Luft, ein wenig Welt – er selbst mußte nämlich schon wieder zur Postbushaltestelle, leider.

Liane Geiseder & Co.

Mittlerweile war es Dienstag geworden. Keinerlei Echos.

Aber das Schlamassel selbst hatte seine Gültigkeit ja noch nicht eingebüßt, lief also weiter.

Nun, dem älteren Buben konnte sie natürlich nichts mehr verbieten, das war klar, der schmierte ihr höchstens noch eine, wenn sie damit anfing. Einmal hatte er sogar schon mit einem französischen Weißbrotwecken ausgeholt, dann aber die Hand doch wieder sinken lassen: Schont eure Mütter ...

Lianes eine Gesichtshälfte schien freilich tatsächlich schon diesen verschärften Ausdruck angenommen zu haben, Harm, was denn sonst. Von der linken Seite her sah das zwar noch ein wenig anders aus, aber wahrscheinlich war ohnehin auch allerhand Einbildung dabei.

In der Früh nahm sie irgendeinen Tiegel aus dem Regal, rieb daraus ein wenig über den Handrücken, sog den Geruch ein. Dann schloß sie die Augenlider, rollte dabei aber die Augäpfel wie in einer Leichtschlafphase.

Am Serviertisch die Flachzünder neben einer kleinen

Muttergottes aus Bronze, darunter Kreise in der Einlegearbeit des Auflagebretts, eine Arbeit aus gepreßten und gebügelten Strohhalmen, die einen leicht nach vorne gebeugten Mundharmonikaspieler darstellte. Genau über seinem Gesicht lag im Moment der Korkenzieher, und an dessen Holzgriff stieß der Rand einer Ansichtskarte von den Drei Zinnen. All das auf so engem Raum!

Und im ganzen Haus keine Spinnweben, kein Stäuberl Dreck – da war die Frau Schiller dahinter, Haushaltshilfe seit fast einem Jahrzehnt. Frau Schiller war verläßlich, und überhaupt, sie trug niemals peinliche Plauschereien außer Haus, sah vieles – aber schwieg. Taktvoll. Dominus vobiscum.

Im Bubenklo im ersten Stock hing eine gezeichnete Handgranate an der Wand, auf dem Spülkasten pickte Charlie Brown, eine Kinderei, die freilich längst nicht mehr aktuell war.

Liane Geiseder war also die Mutter der Söhne, die obiges Klo benutzten. Sie legte sich jetzt wieder ins Bett, nein, auf die Couch im Wohnzimmer, weiß Gott warum. Ihr Kopf lag wahrscheinlich schon wieder wie hinter einer Düne, in der das beständige Rieseln am Ende nichts anderes als Erosion war – sicherlich mit ein Grund, warum sie sich so häufig am Skalp kratzte, Schuppen hatte sie ja kaum.

In der wärmeren Jahreszeit malte sie sich auf dieser Couch sitzend auch gern einmal die Zehennägel an, meist mit einem sportlichen Violett, das keine Rätsel aufgab.

Vielleicht streifte jetzt auch die wechselvolle Geschichte ihrer psychischen Verfassung wieder wie Stallgeruch über das kräftige Unterbewußtsein, man kann das ruhig einmal so stehen lassen, eine schwebende Kodierung ähnlich der geheimen Magie hinter den Fassaden ihrer beiden Söhne und der Kontonummer des Ehemannes.

Ja der Ehemann ... na ja, wurscht.

Aber während sie sich zum Beispiel in Broschüren über das Handlesen (ihre eigene Lebenslinie war lang und stark!) oder in populäre Magazine über die Pariser Herbstmode versenkte, griff der Mann, ein ehemaliger Burschenschaftler, irgendwo auf verstreuten Bauernhöfen den Kühen in den Arsch, als Tierarzt konnte er sich davor nicht gut drücken.
Liane Geiseder schlief bis weit in den Vormittag, sah aufwachend beim Fenster hinaus, fürchtete in ihrer besorgten Art einen Regen herannahen und wollte auch schon die Frau Schiller ins Freie hinausjagen, um die vermeintlich über Nacht hängengebliebene Wäsche abzunehmen, als sie erfuhr, daß das längst geschehen sei, noch gestern.
Liane Geiseder sägte kleine Stücke aus der Erinnerung an gestern heraus, richtete sich dann einen kleinen Weinbrand her, ausnahmsweise. Leider haute sie sich dabei das Kinn bei der Schranktür an – war ihr auch noch nie passiert! Womöglich lag tatsächlich irgendein Fluch über der Welt, wer wollte mit Sicherheit das Gegenteil beweisen?
Aber deshalb gab es freilich noch lange keine versteinerten Inseln im Kopf, all das war ausgemachter Blödsinn, das wußte sie ja, und auch die ihr unlängst untergekommene Vorstellung, daß herzförmige Pflanzenknollen spezielle Heilkräfte für das Herz enthielten, so wie nierenförmige für die Nieren etc. (dasselbe dann auch auf Blätter usw. übertragen ...) ... na ja, entscheide selbst, Leser!
Liane Geiseder, die übrigens aus einer ausgesprochenen Bastlerfamilie stammte, dachte viel über dergleichen nach, sie hatte Zeit genug.
Ihr Sohn, der jüngere diesmal, noch ohne Flaum, glich ihr darin aufs Haar, wie es so schön heißt. Außerdem war er schon ein unglaublicher Wichtikus. Herangewachsen im Jahrzehnt, in dem in den Metropolen die Zunder- & Quatschkultur vorbeischnaufte wie ein überanstrengtes Steckenpferd, hatte der Bub wie sein

älterer Bruder einen starken Hang zum sittlichen Relativismus entwickelt, so daß er sich nicht selten auch einredete, sein mediokrer Geist neige von sich aus zum Chaos. Derlei Plunder wurde dann gern mit einer altersbedingten ungenauen Sehnsucht über einen Leisten geschlagen, fertig.
Mittags kam der schwere Vater heim, blätterte in der Standeszeitung, erzählte bei vollen Schüsseln, auf einem der entfernteren Höfe werde geklagt, daß schon mehrmals einige der Kühe von Unbekannten des Nachts heimlich gemolken worden sein müßten, weil sie öfters kaum noch Milch gaben – sich das einmal nur vorzustellen!
Vet. Geiseder schüttelte den Kopf, rieb seine wattierten Patscherl aus festem, gepunztem Leder, ein rustikaler Hektor.
Und einem der Jungstiere eines anderen Bauern habe man im Übermut gar ein T-Shirt über den Schädel gezogen, daß der arme Kerl nicht mehr aus und ein wußte.
Na ja, all das würde ja bald ein Ende haben, knurrte Geiseder und blickte seine Frau fest an.

Lindbichler

Lindbichler ertrug vielleicht das Glück wie kein anderer, alles was recht war, die Dichte des Geschehens, sapperlot!
Er lebte in einem ländlichen Erkerbau, Gemüseflächen vor den Mauern, er wohnte am Arbeitsplatz, die Kinder trafen am Morgen ein. Im ersten Stock ein weitläufiges Klassenzimmer mit Werkbänken, Pulten und Tischtennistisch, an der Wand in einer Reihe Deckfarbenporträts imaginärer arabischer Scheichs, fette Ringe, Uhren, Kopftücher, alles mehr oder weniger symbolisch verhunzt. Im Aquarium beim Fenster standen Gold-

fische, davor auf einem Brett ein Stein, der das Aussehen eines mild verschimmelten Brotlaibs hatte. Lindbichler war in der Küche, zog eine Spritze auf. An der Wand über dem Kühlschrank eine Reliefkarte von Australien, alles strotzte nur so.

Draußen am Straßenrand steckten schon die schwarzweißen Schneestangen, es war Spätherbst, ein kräftiger Wind schoß über das Land, sandige Etüden.

Die Kinder der zweiklassigen Volksschule hatten ihm eine Regentonne bemalt, mit blattgroßen Detailausschnitten wie »brennendes Haus«, »Herbstblumen«, »Schlaf eines Säugetiers«. Hier ordneten sich die grimmigen Bedürfnisse, und die Namen für die Bilder kamen meist aus dem Herzen, so wollte es ja auch Lindbichler. Wie war ihm aber bloß? Er blickte in den Gebirgsrand hinüber, der zu dieser Tageszeit wie eine Depesche wirkte, leimiger Filz, es war nur der Dunst.

Die vereisten Äcker trugen die Spuren gefrorener Jauche an der Oberfläche, darüber dehnte sich das Volumen der Atmosphäre, übergehend in Raum ohne Unterlaß. Oder war alles nur Schwindel, verblüffende Fetzen, zerstiebend nach oben und unten, der gewöhnliche Stunk?

Es gab da diese Abende und Spätnachmittage, die Lindbichler wie damals seine Großmutter beim Stricken verbrachte, er strickte ganz herkömmlich, mit Wolle, wie alle. Aufgewachsen in einem Klima angespannter Betriebsamkeit, in der die bewährten Kontaktformen von ausgeprägter Bedeutung waren, erkannte er selbst heute noch an Angehörigen und Verwandten, wenn er mit ihnen zusammentraf, mit Wucht all das wieder, was er weit hinter sich zu lassen gehofft hatte.

Als Jugendlicher war er oft, nachdem sich Besucher der Eltern verabschiedet hatten, sofort darauf hingewiesen worden, in welchen Bereichen etwa des Guten Tons er diesmal wieder nicht zu überzeugen vermocht hatte. Schon damals freilich baute sich eine verwegene Bitterkeit gegenüber jeglichen Besuchern auf, da sie ihn doch

regelmäßig in Situationen zu bringen drohten, für die er nicht das gehörige Verhalten bereithatte. Auch noch heute, wenn jemand energisch auf ihn einzureden versuchte, fing er bloß das eine oder andere Wort geflissentlich auf und sah zu, wie es gleich darauf zerspritzte.
Jetzt aber sah Lindbichler gerade wieder eine Art Film. Er erschrak nicht darüber, er ließ ihn einfach laufen und sich entwickeln, ihm schwante schon wieder Gutes. Ah, die Lichterkappen! Stalagmiten! Die Sterne!

Ludmilla Führer

Auch Ludmilla Führer hatte ihre Jugend gehabt, inmitten von Galanteriewaren, in einer sozialen Gemeinschaft, in der das »Munkeln« noch wichtigster Informationsvermittler war, und dann war sie irgendwie unversehens alt geworden im Umkreis von Semmelkrenrezepten, Bügeleisen und Montanatropfen.
Nicht ein einziger aus der örtlichen strammen Jungmannschaft war letzten Endes für sie übriggeblieben, obwohl ihr vor vielen vielen Jahren einmal einer am Kirtag schon eine zusammenlegbare Trachtenbluse geschossen hatte. Gewesen war sie damals sowohl jung als auch morgenschön. Und tief in sich barg sie den unauslotbaren und nie verwirklichbaren öffentlichen Sagenschatz: Ein Schiff wird kommen!
Sie war die Schwester einer unberührt alt gewordenen Lehrerin, selbst ebenfalls Lehrerin, ebenfalls alt und unberührt. Im Winter verwöhnte sie die heimischen Vögel, die dablieben, mit hochwertiger Biokost, »solange es eben noch geht«, wie sie sagte. Und vielleicht war das Grimmige aus der Sicht der Betroffenen nur mehr ein Sachverhalt, der sich auf ein Naturgesetz zurückführen ließ wie ein schwächer werdender Bunsen-

brenner, der am Schluß auch das selbstlose Walten der Demut zur Strecke bringen mußte, dann oder wann. Jedes Ding hat zwei Seiten.

Lungenschmid

Zeitweise arbeitete Lungenschmid in einer Ziegelei, strengte sich immer wieder an, so heißt das. Zuletzt wuchs das Gras an der Fensterfront herein, schillerte blaß hinter den staubigen Scheiben.
In der Nähe war eine Gebäudegruppe, in der Aufbauseminare für religiöse Würdenträger abgehalten wurden, die Putzfrauen kamen am frühen Morgen auf Fahrrädern, aßen mittags in einer Ecke des Speisesaals, meist noch vor dem Eintreffen der stillen Männer, fuhren später auf den Fahrrädern wieder an der Ziegelei vorüber, an der Lenkstange ein Mittelding zwischen Handtasche und Einkaufskorb.
Hin und wieder spielten die Arbeiter Freßschach in den Pausenräumen der Ziegelei, irgendeiner hatte einmal damit begonnen, oder sie stolperten über das Dosenbier.
In einer Schublade im Umkleideraum fand Lungenschmid gleich in den ersten Monaten ein Buch von Ebner-Eschenbach (Gemeindekind), er las einige Zeilen, vielleicht gefiel ihm das sogar, aber im Spätherbst legte er es wieder zur Seite. (Schräg unter den Kanonenofen, den man ihnen an die Wand gestellt hatte, vor der sie jausneten, wenn es im Freien schon kalt war.)
Nie hatte er damals eine Schreibmaschine bedient. Auch heute weiß er nur durch Zufall – genauer: seitdem er diesen Abendkurs versucht und bald wieder abgebrochen hat –, daß man entweder das A oder das S trifft, wenn man vom W mit der linken Hand nach unten rutscht.

Wie ging es weiter?
Im Traum ritt er einmal für mehrere Stunden (Traumzeit) im gestreckten Galopp, um den Namen eines Bauernhauses zu erfahren, an dem er auf einem Spaziergang an einem Sonntag vorbeigekommen war. Dort tänzelten die Hühner im niedrigen Gras herum, aus dem Stall kam indische Musik. Er kombinierte verschiedene Inseln von Erinnerungsstücken zu einem schattigen Leben, das möglich gewesen sein könnte. Es war die Zeit, in der die österreichische Post erstmals Briefmarkenautomaten für alle Bundesländer zur Verfügung stellte, und die Keystone Cops geisterten durch knisternde Stummfilmwiederholungsprogramme des öffentlichen Rundfunks.
Ist es erstrebenswert, ein Leben mit allen Mitteln bis in die Apathie hinein zu verlängern? Es sollte gelebt werden, dachte er damals und beendete tags darauf den Maschinschreibschnellkurs zum Erstaunen des Kursleiters, der ihm sofort mit Argumenten kam.
Als Kind lebte er unter der Aufsicht einer kranken Tante, das erklärt freilich nichts. Als die Jugendlichen dieses Staats sich bereits immer mehr langweilten, war er gerade an der Schwelle zum Erwachsenwerden, so nennt er das auch selber.
Auf einem Güterweg im Gebirge stieß er auf einen zerschnittenen Katalog mit Damenunterwäsche, verstreute Spuren der Verzweiflung. Im Zug saß er in einem Abteil mit einer Familie mit Kindern, die alle Playmobil spielten. Was würde Marie Eschenbach dazu sagen? Er aß von seinem mitgebrachten Steinobste (sic!), wischte die Finger an der Polsterung ab, sooft der Zug durch einen Bergrücken fuhr. In der strahlenden Landschaft zwischen den kurzen Tunnelstücken zeigten sich immer wieder überraschende Zeugnisse vom Scharfsinn des Volkes.
Herinnen im Abteil löste der Familienvater ein ganzseitiges Kreuzworträtsel, kratzte sich sinnierend an den Hoden.

Und überall wurden Abenteuer bestanden, auf die es nicht ankam.
Über diesen Gedanken nickte Lungenschmid kurz ein und phantasierte, auf dem Tisch seiner kleinen Zweizimmerwohnung wäre nicht ein mit Deckweiß bemalter Ziegel, sondern eine kleine Reiseschreibmaschine. Was natürlich keinen rechten Sinn ergab, das ist richtig.

Mahringer

Seit Stunden fiel ein leichter saurer Regen auf die Erde nieder, wo wir Menschen sind; Mahringer fuhr indessen durch die Vororte, freudig, hatte er doch eine Karte für das Internationale Kirchenmusikfestival ergattert, bravo! Ohne daß er viel davon wußte, schaufelte freilich sein unteres Bewußtsein unentwegt falsche Wörter in die Abräume hinüber, wo ist das?
Er wischte seine schweißige Innenhand an den Überzügen des Beifahrersitzes ab, sah dann in den Rückspiegel, schräg ins gemästete Gesicht. Wenn er seine Zunge bis zu den Nasenlöchern hochrecken konnte, so nicht, weil er etwa eine überdurchschnittlich lange Zunge besessen hätte, sondern einfach weil der Streifen zwischen Oberlippe und Nasenansatz bei ihm äußerst schmal war, ja? Was natürlich nicht viel besagen wollte, war er doch sonst ein tadelloser Mensch – bis auf die Knochen, die ein wenig spröde waren (Kalzium!) ...
Am Straßenrand ruhte im Staub ein geplatzter Autoreifen, von weitem vielleicht wie eine dicke überwältigte Schlange – Blödsinn.
Mahringer trug übrigens bisweilen gern Frauenkleider, selbstverständlich nur unter der Oberbekleidung, so daß er nicht für unnötiges Aufsehen sorgte. An Werktagen war er für ein bekanntes Versicherungsunternehmen tätig, er war Spezialist für Lebensversicherungen mit

gekonnt gestaffeltem Prämiensystem, da werkte er gern herum, daß es eine Freude war.
Gewinnbringende, huldvolle Tage lagen hinter ihm, auch gesundheitlich wollte er in letzter Zeit nicht extra klagen, wozu auch. Besonders erquicken konnte ihn die frische Erinnerung an die schüchterne Kleinhäuslerfamilie, die er zuletzt eingebuttert und gleich in Bausch und Bogen versichert hatte, wusch! Die Kinder hatten gerade im Garten eine Grube ausgehoben, ein Grab für den alten Haushund, der erschossen werden mußte, weil er schon seit einiger Zeit dem Wahnsinn verfallen war – was es nicht alles gab unter der Bevölkerung!
Mahringer summte jetzt ein paar Takte, Das Erwachen heiterer Empfindungen bei der Ankunft auf dem Lande, es gereichte ihm oft auch schon das eigene Summen zur Wohltat, ein gewinnendes Lächeln sprang über seine Gesichtsmuskulatur, recht so.
Im Wagen, der sich vor und hinter und neben und über und unter ihm ausdehnte, war ebenfalls alles in angenehmer Ordnung.
So fuhr er dahin.

Mandi Steibl

Steibl war auf dem Weg in die Staatsmaschinerie, beamtet und im Ballonseidenmantel, pragmatisiert und parfumiert und in einer weitschweifigen, tapferen Panik. Hut ab. Geht das?
Meist hockte er kurz danach in irgendeinem Rechteck wie ein trockenes Froscherl, nur vornehmer. Den Vormittag über schrak er manchmal aus einer Arbeit auf, weil er fürchtete, er könne unbewußt zu winseln angefangen haben, und nur wenn alles ruhig war, regte er sich wieder ab. Freilich grinste er gerne noch eine Zeitlang drollig oder verlegen, so als sinne er nur über

etwas längst ins Vergangene Geschobenes nach, unklar wie und was. Dazu paßten übrigens auch gut die kleinen Nougateier, die er so gerne fraß.
Abends Heimweg über die Fußgängerallee, in der er nach Knutschereien spähte, fast immer ohne Erfolg. Was hätte er nicht alles gegeben, um ... ja was? Steibl außerhalb der Amtsräume wirkte beinahe wie ein versunkener Maschinist, der sicherlich auch beim Toto ein wenig gewinnen wollte... Nur nicht gaustern.
Im April erfand er eine schmerzhafte Sehnenscheidenentzündung – fast schon mehr aus Langeweile. Er ließ sich zunächst einmal krankschreiben, saß häufiger als sonst beim Friseur, ließ die restlichen Wellen auffrischen. Auch las er statt des Amtsblattes der Republik hier lieber Auto Motor Sport und anderes Schriftgut, freute sich über eine Frau, die bis auf ein um das Geschlecht geschlungenes Einkaufsnetz nackt war und für einen sportlichen Mittelklassewagen warb, so standen die Dinge. Recht verzwickt. Und eigentlich fast überall Niederlagen, wenn auch überspielt und nie zugegeben. Aber vielleicht schien bald auch dies wieder nur eine Auffassungssache zu sein, über die sich streiten ließ wie über alte Marzipanrosen, muchtelnd und porös bis zum Zerbröckeln.
Seiner Lebensgefährtin, da es nun einmal ernst geworden war nach ihrem ewigen Ansuchen um eine Kur, hauten sie indessen die Fango-Packungen aufs Gewebe, daß alles pickte. So da!
Die auf sie angesetzte Kurtante, ehemals gediegene Bardame, später in Ungnade gefallen und zum eigentlichen und auch erlernten Heilmassageberuf reuig zurückgekehrt, erzählte schlaffe Geschichten – einmal etwas anderes, nicht? Manches davon mutete fast zu privat an, war aber dann doch wiederum öffentlich, wer weiß.
Ihr jetziger Du-Freund, der sie so ziemlich jeden dritten Abend in der Wohnung aufsuchte, knotzte sich zum Verdauen gern vor den Bildschirm, ein Lümmel, sie gab es ja zu. Umgekehrt brachte er auch einmal Leberblüm-

chen mit, sie schmusten dann kurz, ließen es wieder sein.
Oder die Kurtante machte ihm einen erfrischenden Shake, da, kost einmal! Ein andermal versuchte sie ihn zu überreden – zu nichts anderem als zu einem kleinen Kurs für Gesellschaftstänze. Für einen Tageskellner war er ja noch immer verhältnismäßig ungeschickt, das mußte er doch selber zugeben. Na, schmeckt's?
Dergleichen Kurgeschichten also würden nach der Rückkehr der Lebensgefährtin unweigerlich auch an Steibl weitererzählt werden, das war klar. Das Leben macht seine Runde ...
Und ein fester Talg lag ums Gebaren, wie es dahinschnüffelte, es blieb also immer wieder eingegossen und verstockt, keinerlei entschlossene Heiterkeit oder gar ein leichtes Wegfedern der gedachten Sektoren, bestenfalls bildete sich Pfiffigkeit aus, die ungenaue Stufe einer intensiven Beschränktheit in allem und jedem. Never mind the Bullocks.

Mandorfer

Der Sparverein hatte Auszahltag, ratatatam, ratatatam!
Ein Abend voll Frohsinn stand bevor, mit durchaus auch ernster Unterhaltung, heimische Wirtschaft, Krise der Welt, plauschen ließ sich noch über so vieles, es mußten nur die Richtigen zusammentreffen. Von unverfälschten Landesgetränken naschend, erlebte man die Befreiung vom Alltäglichen, man improvisierte ein gesellschaftlich nützliches Glück, den Lohn für harte Tage. Und dieses Glück als solches war wieder nicht bloß rechtschaffen, es ließ sich durch Zinsen erneut erweitern, und nicht nur symbolisch, das alles galt wirklich und war erprobt, es hatte sich über die Jahre bewährt, kapiert?

Fröhlich also, aber nicht ausgelassen, so feierte man die Früchte der Bescheidenheit. (Erste Wiederholung)
Einer freilich tat sich, was Bescheidenheit betraf, besonders hervor; es war dies der gelernte Elektriker und jetzige Platzwart Florian Mandorfer, der wohl nichts so sehr verabscheute wie Ungereimtheiten in grundsätzlichen Belangen.
Neben ihm saßen wie ein verliebtes Meisenpaar Ferdl Reumüller und Heidi Groiss, beide ebenfalls lange schon Sparvereinsmitglieder, Reumüller sogar fast so etwas wie ein enger Vertrauter des Kassiers, auf den nun alle warteten. Heidi lutschte Duftzuckerl, während Reumüller Ferdl sie manchmal nicht einmal mehr verstohlen herzte, ja sie sogar busselte und in die Waden zwickte.
Mandorfer hingegen zischte eine Halbe, zur Feier des Tages, eine zweite würde er dann über den Abend hin bereithalten, wenn es hoch herging noch eine dritte und dazu vielleicht die eine oder andere Runde »Mischling« (halb Obstler, halb Zwetschkenschnaps).
Nun war der Kassier da, die gesamte sparerische Prominenz, eine knackige Begrüßung hatte statt, und jeder blickte auf den wulstigen Mund des Funktionärs. Die Tochter der Wirtin brachte leise ein paar gebratene Flügel in den Raum, was bestellt war, durfte auch gegessen werden.
Die weiblichen Anwesenden hatten zum Teil herbe Gebirgsgräser zwischen die Brüste geschnallt, darunter das weiße Leinenzeug. Mandorfer griff seinen Puls, er zählte ihn aber nicht, er freute sich einfach, verstand das denn niemand? Schon vor Jahren war Mandorfer auch der örtlichen Männerbewegung beigetreten, an ihm sollte es nicht scheitern.
Er spielte jetzt mit einem Brezerl, nicht ungut, er drehte es bloß ein wenig auf der Tischplatte herum. Über einem mit erdigen Farben gemalten Bild an der Wand steckte ein Büschel Eichelhäherfedern, Rest eines seit Generationen aufgekündigten Bündnisses mit der Magie der Natur, sowas sagt sich natürlich sehr leicht.

Und siehe, ein großes symbolisches Sparschwein wurde jetzt in den Raum gebracht, von munteren Zwischenrufen begrüßt. Selbst der unergründliche Mandorfer ließ sich zu einem anspornenden Gelächter hinreißen, griff dann aber wie abwesend zu den Zahnstochern, die neben der Maggiflasche steckten. Herr der Welt! Tamtam! Keiner der Anwesenden schlief jetzt, klar. Sie standen unter dem Schutz einer Zeremonie, die so manches Mißgeschick vergessen ließ und für einen glänzenden Ausgleich der Interessen sorgte.
Die Tischdecken auf allen Tischen waren aus dem gleichen Material, vernünftiges Leinen in einer unaufdringlichen Grundfarbe. Der Kassier griff an seinem Tisch nun nach einer Mappe, die mit einer abwaschbaren Hülle bespannt war, hob sie ein wenig an und wedelte damit ein paarmal herum. Das jüngste Wirtskind, eine Steißlagengeburt, erschien im Türrahmen zur Küche, eine Stoffgiraffe im Arm. Eine Zündkerze ragte aus der Seitentasche des Trachtenjankers, dessen abgesteppte Zierborten wahrscheinlich das Auge erquicken sollten.
Auf dem größten Tisch, der Stammtisch hieß, wurde jetzt eine Glocke angeschlagen. Standen die Zeichen nun gut oder schlecht? Es gab Kraftlinien im Raum, sie wimmerten auf einer kaum erfaßten Frequenz dahin, gut, aber woher stammte das alles, Gerüche, Handbewegungen, stickig-verschwitzte Ober- und Unterkleider, fette Gesäße sowie Zahlen, Lampenschirme, Trennungslinien, die Knochen? Vor ein paar Jahrzehnten noch waren die meisten der Vereinsmitglieder hoffnungsstarke Kinder gewesen, die wie strahlende Propeller über das Relief des Gemeindegebiets stürmten, waren sie jetzt gelandet?

Mirli Zamazal

Zamazal – der Name allein glüht schärfer als das Reindl der Hausmeisterin im Junilicht: Mein ist die Rente und die zersuderten Tage mit dem leeren Onkel Tuca-Karton auf der Stiege im Vorhaus.

Jammer Tag für Tag? Unnötig. Nun, Zamazal, ob Ungustl oder nicht, gab sich gern als eine, die ein wenig Bescheid wußte. War es nicht gut, daß alles seinen Preis hatte? – Zu solchem Denken verstieg sie sich, und schon am späten Vormittag hatte sie manchmal das Kreuzworträtsel halb fertig, das zu ihrer Tageszeitung gehört wie der Fortsetzungsroman, in dem diesmal spät abends noch ein Passagier ankommt, den niemand erwartet hat. Das liest sie gern.

Sie haut den zerbrochenen Plastiklöffel zum Abfall, dann gießt sie Wasser in den Eimer mit dem Lappen, mit dem sie über die Stiegen reibt. Sie hört ein Flugzeug, dann die Bakelitrasseln heimgeschobener Zwillinge, denen die Erziehungsberechtigten die Eindrücke erklären, Eucharistie! tönt es aus der Parterrewohnung.

Als sie ein Kind war, vor Zeiten, faltete sie oft Zeitungspapier zu einer Ziehharmonikaform und benutzte dies als Fächer, Land des Lächelns, wie's drin ausschaut, geht keinen was an. Oder sie formte aus nassen Papierkugeln freundliche Gesichter, die ganze Familie als selbstgemachte Kasperlfiguren, vor allem der Vater war ihr gut gelungen.

Mit dem Cousin – jetzt im Altenheim Sonnberg – spielte sie mit einem hölzernen Feuerwehrl, das Feuer immer nur angesagt, die wirklichen Brände waren anderswo. Weiß sie das alles noch so genau oder wie?

Einmal lag sie heulend über dem Stockerl und der Vater schnalzte sie mit den Hauspatschen. Dann wieder schmiß er seinen Mantel auf die Bank, lief herum und kreischte, es gab Gründe genug.

Spielen und lernen, sich aufrichten und zusammenbrechen, so hieß es im Ungefähren. Eine Zeitlang zeichnete

sie recht gerne, vor allem in den letzten Schuljahren; von den Tierbildern hat sie noch heute eine vergilbte Mappe, obenauf das Zwergnilpferd, mit Kohlestift hingeworfen, speckig glänzende Flanken, das Maul lacht ermunternd, und innen arbeitet es vielleicht wie in einem Betrieb – bitte, warum nicht.
Im letzten Schuljahr einmal heimlich ins Kino und dann den ganzen Film nacherzählt und nach eigenen Wünschen ausgeschmückt, wem und wozu denn? Im Hof kämpften läufige Katzen, in einer anderen Nacht brannte der Himmel. Oder es schaukelte etwas in ihr, im Unterleib, ein heißes Brot, das sie nie mehr vergißt. Sie zerreibt wartend am Fenster abgefallene Asparagusblätter, bläst das Stäuberl in die warme Luft, na ja. Es gibt die Reue und den sogenannten Eifer, das Gemurmel und die Sorgfalt, anderswo vielleicht auch das Schlaraffenland sowie das Ich-aber-sage-Euch, an dem man freilich nicht einmal lutschen konnte.

Oskar »Kaos« Preinfalk

Preinfalk, Leiter der Drachenfliegerschule, ging über den Spitalspark, darin schwaches, schäbiges Grün mit Märzenbecherbeeten, hinten die dunkel flackernden Grasflächen, all das.
Der erste Schwung war verpufft, nun drückte der Himmel nach. In vertikaler Richtung ließen sich Spannung, Schnelligkeit und kontrolliertes Schwanken verfolgen, hier wie dort. So oder ähnlich mußte jegliche Halsstarrigkeit spielend zu brechen sein, war doch gelacht! Preinfalk zog prüfend Luft durch seine Hufeisennase.
La la la langsam schossen die Formen zusammen, dazu quellendes Licht von schräg hinten. Alles andere wie aus einem Block gehauen, darin das Befremden als – ja:

gewissermaßen als Wuchtel, tintig getrübt! Vermochte man wenigstens aus den Blicken herauszusteigen, um an ihnen entlang die Wirklichkeit des Herumschauens nachzuprüfen, wenn man so sagen darf?
Oskar Preinfalk gabelte sich nicht, als der Weg jetzt in zwei Richtungen auseinanderlief, sondern wählte den, der auf den Haupteingang zuführte. Zahl oder Adler? Er nahm sich nicht Zeit, eine Münze zu werfen, verständlich. Steifer Mittagswind kam auf, ein Sachverhalt, der Preinfalk, diesen Struwwelpeter der Luft, jetzt kaum aus der Versunkenheit hob. Er schlug sich durch, wetzte bald schon am Personal vorbei, befand sich somit bereits im Innentrakt. Ein solider Bau war das. Radlwagerl wurden durch die Gänge gefahren, Suppenzeit!
Und Physik, wohin man sah. Preinfalk selbst schien drauf und dran, ein wenig zu echoloten, er flatterte gewissermaßen durch den Korridor der Unfallabteilung. Trotzdem stieß er beinahe eine Lernschwester nieder, als er am Bettenaufzug vorbeihuschte, und er hätte ganz sicher zurückgeschnabelt, wenn sie ihn auch noch ungut angeflogen hätte, um etwa auf die Besuchszeit hinzuweisen, die erst am späteren Nachmittag angesetzt war.
Nachdem Preinfalk dann seinen Besuch getätigt hatte – (baldige Besserung! ...) –, verließ er auf demselben Weg, auf dem er gekommen war, die ausgedehnte Krankenhausarchitektur. Mausohr! Draußen mochte er vielleicht seinen Finger geleckt haben, um ihn an die Luft zu halten, klar: Wurde er an einer Seite kalt, wußte er, woher der Wind wehte. In diesen Bereich gehörte dann auch gleich die Angewohnheit, den Brustkorb kurz aufzublähen, nicht vor Erleichterung, sondern um danach ein paar schwebend angedeutete Schritte zu machen, das Tempo konnte bis zum Einschwingen gesteigert werden, ohne daß der Standort verlassen werden mußte – Geduld! Wie von selbst würden sich in der Folge auch die Nüstern weiten, ja, fast wie bei einem Beuschelreißer, das ist richtig.

So oder anders mag sich unter Umständen der freundliche Laie auch das Luftfieber vorstellen, wenn diese Formulierung erlaubt ist.
Übrigens: Eine Fledermaus, an eine Stalltür geschlagen, bringt Glück, indem sie einen starken Abwehrzauber wirksam werden läßt. Gewußt?

Pauline Bresenhuber-Loidl

Im Warteraum sprangen Kinder herum, zersangen ein Lied: »... Peter Alexander, Füße auseinander ...«, so ähnlich und weiter. Am Boden ein verzweigtes, beiläufiges Muster, das bei längerem Hinsehen wie der Schaltplan einer Geschirrspülmaschine anmutete, vergrößert im Maßstab. Draußen staubte ein Expreßzug vorüber, jagte Schneewolken in die Höhe, die Kinder blieben gelassen. Sie fingen aus Langeweile zu balancieren an, Arme weit ausgebreitet, es wirkte nicht einmal unpassend.
Eine kleine Frau trat jetzt in den Warteraum, sie trug ein helles Polarkleid und hieß Pauline Loidl, geborene Bresenhuber, oder umgekehrt, ihr Schulterspeck war gut ausgebildet, fest wie die Wülste eines Leguans. Pauline erhob wie zum Gruß ihre lederne Stimme, eine besänftigende Tonfolge aus Schwingungen der Luft, durch die sie auch ihren Turban trug, für ihre Begriffe freilich bloß ein Hut, und sie hatte ja recht, es war ihre Sache, was sie auf dem Kopf trug.
Es lag nun wieder eine Serie von Bestrahlungen hinter ihr, die Haut war zuletzt nur noch ein geographisches Netz mit Sektoren und Ringen wie ein Heliumballon. Beim Sitzen hielt sie gerne einen der Unterschenkel, den sie auf das Knie des anderen Beins auflegte, recht gut mit den Händen umfangen, nun, wer tat das nicht bisweilen?

Soviel vielleicht zum Äußeren, das aus einem sehr spitzen Winkel tatsächlich an die Darstellung eines männlichen Komantschen im Winterpelz zu erinnern vermochte, wie sie in dem Jugendbuch zu sehen gewesen war, das Pauline am Vormittag in Geschenkpapier einschlagen hatte lassen. Und draußen jenseits der Gleisanlagen die Schattierungen auf den vereisten Wellblechhallen! Schneeweiße Zapfsäulen auf einem windigen Vorplatz! Rieselte eisiger Staub aus den Wolken?
Nun fuhr ihr Zug ein, Pauline packte ihr Zeug, trat in die Kälte hinaus, überquerte entschlossen den Bahnsteig. Einen Moment lang war es ihr, als läge da ein totes Hunderl zwischen zwei Schwellen im verschneiten Granitschotter, aber davon konnte natürlich keine Rede sein.
Wovon konnte denn noch die Rede sein?

Philomena Bolterauer

Heute hat sie – vielleicht zum erstenmal – die Butter im Kühlschrank auf die falsche Seite gelegt, wo bisher immer Wurst und Käse ihren Platz hatten. Und sonst?
Sie hat schon bessere Tage gehabt, obwohl auch die längst fällige Monatsblutung immer noch aussteht. Nachts wiederum träumt sie verschrobenes Zeug, kaum noch sauber gearbeitete Wunscherfüllungen, deren Herkunft sie zumindest zu deuten vermöchte; ungut alles in allem.
Aber soll sie sich deshalb ins Abwaschwasser hinein erbrechen, wie es einer Bekannten ergangen war? Sie will ihr Binkerl ja tragen, schon gut.
Der Bub kommt vom Spielen zurück, grinst, daß der Metallbügel der Zahnspange glänzt. Abends beim Waschen würde sie ihn wieder nach Zecken absuchen dürfen, schenkelaufwärts bis zur Gurgel und dann noch extra den Kopf, Routine.

Sie trocknet die Weltspartagsgläser ab und stellt sie zu den anderen. Später fällt ihr etwas ein, und im selben Augenblick schellt das Telefon, ein Verwandter gibt sich leutselig, setzt im weiteren Verlauf sogar zu einer Erzählung an über einen Schlingentrick, mit dessen Hilfe ihm ein geschickter Primarius einen Nierenstein durch den Harnleiter herausgezogen habe, sowieso . . .
Zuhörend huscht sie mit den Augen im Zimmer herum, das Ohrgehänge schwankt, wirbelt ganz leicht, wird dann wieder ruhig. Nur die Seelenwuzerl flirren. Stirngrüße. Waukerl. Leitschnüre des Bewußtseins. Hier vergehen selbst Jahre wie nichts. Hört nur, wie lieblich es schallt! Kandaules, das brave Meerschwein des Buben, hat in seinem hölzernen Stall gequiekt. Instinktiv geht Philomena Bolterauers freie Hand zu ihrer Bauchdecke hinunter, kratzt dort mehrmals auf und ab, weiter nichts. Der Bub indessen stopft sich schon wieder ein Müesli in die Backen, vorzugsweise mit Rosinen und Walnüssen, die wie Muttermale durch die dünne Milchschicht schimmern. Milch ist gesund, das weiß er.

Pleschinger

Der Jännerschnee war verweht und von der Kälte fast aufgebraucht, dünne Reste spannten sich über Bodenunebenheiten, dann wieder Grasschultern, spröde Büschel, die knirschten, wenn die Stiefelsohle sie erwischte.
Eine strenge Emsigkeit herrschte vor, bestimmte beinahe die Tage. Da war nichts aufzuarbeiten, der neueste Stand war der, der täglich erreicht wurde, und täglich ließ sich auch Bilanz ziehen.
Pleschinger zog.
Zuletzt freilich zeigte sich noch einmal seine ange-

stammte Fröhlichkeit auf der ganzen Linie. Er fräste einfach eine Zierblume in den Griff des Speckbrettls, das er dem Kooperator aus einem nichtigen Anlaß zum Geschenk machte. Die Freude wurde wieder zu einer Aufgabe, die mit Ernst und was denn noch allem vielleicht durchaus zu erfüllen war. Stolperte man dabei über die eigenen Beine, war sicher ein Witz die erstbeste Rettung. Geduld, liebe Menschen!

Pleschinger hob also alles Geld ab, schenkte es kurzerhand an seine nächste Angehörige, verschwand aus dem irdischen Bereich. Die Drechslerwerkstätte ging ohne weiteres auf den erwachsenen Sohn über, der als ausgesprochener Waffennarr bekannt war, das waren Aussichten.

Der Leichnam, einmal gefunden, wurde schnell beschlagnahmt, dann wieder freigegeben. Ein schlafender Riese hätte anders ausgesehen.

Drunten im Bach war ein Drahtkoben von vielleicht drei Meter Länge eingelassen, darin wuchsen kohlschwarze Forellen heran, sprangen geschreckt einen halben Meter weg, wenn man sich drüberbeugte. Und in der Nacht verharrten im Wieserl die Rehe zwischen den harten Maulwurfshügeln, drehten die Köpfe jedem Autoscheinwerfer nach.

Berge zwischen jetzt und dann, da war kein Bleiben.

Tagsüber jedoch speiste die Sonne den Waldboden mit Wärme, wo es nur irgendwie möglich war. Kühne Sonne! Seit ein paar Jahren standen auch norwegische Fichten im Schacher, wuchsen über sich hinaus, würden freilich früher oder später wie alles andere auch verpulvert werden.

Die Nachkommen früherer Grafen saßen hier auf einem teuren Forstgut herum, verpachteten Wiesen und Waldland an Bauernfamilien oder hielten sich Jagdaufseher und Forstleute, die im grünen Jeep durch die Stille kurvten und da und dort ihren Beschäftigungen nachkamen.

Von hierher stammte ja großteils auch das Holz, auf das

Pleschinger zu Lebzeiten so oft geklopft hatte. Mein Gott, mit dem Klopfen war es jetzt natürlich aus.

Plursch

Die Adern im Hals, sie pulsen gar wild! Und die tobenden Fleischwülste, auch sie würden in Erdreich übergehen, eine Frage von Jahren, ganz abgesehen von der Prostatageschichte, die weiter unten ist. Das Urogenitalsystem als solches schleppt Plursch nämlich ohnehin nur mehr mit sich herum wie einen Atlas ... aber geh ...

Vor ein paar Tagen hatte ein schwerer Wahn ihn trotz einer sich schon ankündigenden Entzündung der Schleimhäute noch ein eisgekühltes Fruchtjoghurt (Karibik) aus dem Kühlfach holen und zu sich nehmen lassen, ein unausbleibliches Siechtum (Stufe zwei) mußte folgen.

Prustend haut Plursch ganze Fetzen von Luft aus den Bronchien, schmerzt ihn das gar nicht? Er rafft sich jetzt auf, springt in die Senkrechte, er muß in die Welt, die Apotheke oder vielleicht doch vorher noch die Konditorei wären ja nicht fern, erledigt?

Er nestelt an seiner schweren Strumpfhose herum, sie sondert weiche Schichten von Ammoniakgeruch ab, dann entrollt er den Kleppermantel, knüpft flink die Bänder der Straßenschuhe und verläßt wie üblich die Liegenschaft. Straßenwind boxt seine Backen, die Hunde sind anderswo heute, scheint es Plursch, dem manchmal ist, als schissen sämtliche Köter der Republik ins Alpenvorland, einfach so. Originell spannen sich dafür die Gartenzäune vor den Blicken, Feldspat, Ultravox!

Plursch versucht die Mutter des Gemeindearztes zu grüßen, sie schreibt seit Jahren kurze Texte für den

Fremdenverkehrsverband, rüstige Mutter eines Akademikers, die mit jedem Schritt an Boden gewinnt, vielleicht auch verliert, wer frei von Schuld ist, der werfe den ersten Stein. Aus der Konditorei schleppt Plursch kurz darauf eine fahle Torte, die Seitenwand glänzt unter der Glasur. Wieder grüßt er jetzt die Mutter des Gemeindearztes, die jedoch diesmal keine Antwort gibt, möglicherweise verkatert. Usti Wusti Gusti. Foppen ihn Ahnung und Gegenwart? Plursch ist einer, der das nicht wissen will. Ein Aufschrei geht durch den Bauernbund, liest er mit einem einzigen Blick im Vorübergehen an der Tabak-Trafik, man hat zwanzig Millionen Dinge zu tun, Plursch kennt das doch alles.
In seinen vier Wänden springt er sofort zur Kaffeemaschine, später umfängt ihn ein bißchen Wehmut. Vor nicht allzu langer Zeit schuf Plursch noch im Vermessungswesen – er arbeitete ganze zwei Jahrzehnte bei der Wildbachverbauung ... und noch heute besitzt er allerhand Erinnerungsstücke an diese Zeit, Pläne und Tabellen, und nicht zuletzt Bücher, er verfügt sozusagen über eine kleine Bibliothek: Erdkunde, Wassertechnik, bauliche Tricks. Sogar sogenannte Schöne Literatur liegt in einem Kasten, Das Vermächtnis des Inka, Winnetous Erben und zahlreiche andere.
Plursch bereitet jetzt den Hochlandkaffee aus Guatemala zu, vakuumverpackt, nein, er ist bereits fertig. Mit einem ESSO-Kugelschreiber zeichnet er dann einen Flaschenzug auf die Rätselzeitung, die zu seiner Rechten liegt. Erbarme dich unser, er murmelt das kaum hörbar, höchstens so halb und halb. Hat er überhaupt genügend Interesse am tatsächlichen Elend, und sei es sein eigenes?
Blutiger Hund! Plursch könnte den Teppich verflixen, in den sich von Jahr zu Jahr mehr Fruchtsaftflecken hineinsaufen, Mutationen unbestimmten Grades, falsche Quadrate! Plursch gießt Kaffee ein, schreibt Belutschistan in zwölf waagrecht eines halbfertigen Kreuzworträtsels, weiter geht es nicht.

Er wandert zum Klo hinüber, wo er fast bis Wimsbach hinübersehen könnte, wenn er nur wollte, bockiges Zwischenland, in dem womöglich gerade Zeitungen ausgetragen werden, Kraftwerksbote, Landesnachrichten, Bäckerstolz.
Dann wieder hinüber in die Küche, das Handtuch auf die Abwasch geschlagen, weiter! Rax Kaiserborax! Jetzt durchhalten!
Sicher, um die kommerziellen Animationstechniken war eine Notwendigkeit, die ihm nicht einging, jeder zweite Tag verlief sich in der Praxis bloß in ranzigen Bildern, heiß und kalt, es wechselte zwar ab, aber das waren ja auch nur Temperaturen, und die kamen aus dem Körper, der Körper drehte auf, nicht die Welt, verstanden!
Plursch muß sich nun ein wenig festhalten, er wendet ein paar Gedanken an das verhaßte Schering-Medikament, gut, dann eben doch wieder das alte Lied, los!
Er nimmt ein schwaches Penicillin-Präparat, dessen Farbe an die der Malakofftorten-Attrappe im Schaufenster der Konditorei erinnern könnte, und dabei bleibt es.

Polzer

Zum Geleit!
Während die anderen auch bei schlechtestem Wetter redlich ihre Arschlöcher von einer Straßenseite zur anderen trugen, schlief der beschäftigungslose Polzer an solchen Tagen oft ganze Stunden in Ausstellungsräumen großer Möbelhäuser, bis er höflich geweckt und hinausgewiesen wurde.
Mit leerem Magen und manchmal auch noch geschlechtlich erregt taumelte er dann durch die verbilligten Wohnlandschaften, als hätte er alles noch vor sich.

Wozu eigentlich hatte es ihn in die Landeshauptstadt verschlagen?
In einer Imbißstube starrte er nachmittags bisweilen kühl auf die Spielautomaten, die mit Maschinenpistolenattrappen ausgerüstet waren. Die Kinder konnten damit kleine imaginäre Raumschiffe abschießen, die als farbige Punkte auf einem rechteckigen Bildschirm zu sehen waren. Mitunter ließen sie danach noch halbvolle Coladosen stehen, wenn Polzer ihnen geschickt genug zusah und so tat, als ob ihn ihr Spiel interessierte. Aber das war's dann auch schon.

Rachlinger

Drüben auf dem Gehsteig zog ein Bub ein Auterl an einer Schnur nach eigenem Gutdünken jeweils ein wenig schneller oder langsamer – langsamer als wer oder was?
Rachlinger hatte ursprünglich ein paar Kilo Karosseriefarben kaufen wollen, hatte es sich dann anders überlegt und sich ein wenig in den Gastgarten hier gesetzt.
In der Höhe des Juwelierladens stand ein Wanderer am Bordstein, federte leicht vor und zurück, ganz leicht nur. Dann nahm er die Faust aus der Hose, winkte. Später band er sich die Haare zu einem Knoten von der Größe eines Punschkrapfens: War alles von einem heimlichen Gestaltungswahn durchzogen?
Seit ein paar Monaten war der Nachtbus eingestellt, jetzt hieß es also private Mitfahrgelegenheiten ausfindig machen, und das war noch lange nicht alles. Nur die Schwachmatiker wetteten immer noch tapfer weiter, als gäbe es da bloß eine – na ja, so etwas wie eine Schwellenphase, die es möglichst forsch zu durchwandeln galt, um einen Stau zu vermeiden. Ruckzuck.
Hatte es ihn oder alles nur zu weit hinausgetragen? Eine

Art Be-Bop-Kurve? Wenn es einen nur nicht wieder auf die Goschn haute wie vor dreißig fünfunddreißig Jahren! Gestern zum Beispiel hätte das Ringsum bei jedem Schritt zusammenbrechen können, im Kopf zu wenig Sauerstoff, dazu das langsame Herumkeuchen wie in einer anstrengenden Buschregion . . . aber weiter droben hätte vielleicht schon wieder der Buntspecht geschnalzt, kurze Töne in der scharfen Luft, schwach durchsichtige Schleier über den Wucherungen, und dann die Kubikwurzel daraus, egal ob sich das ausgeht oder nicht. Eher nicht.

Raffetseder

Schau, auch bei dieser Schale hier ist die Glasur schon ein wenig beschädigt! Leck mich! rief Irmgard Raffetseder und hustete. Nun, sie hustete, und es krachte, der Labellostift war vom Tisch gegen die altertümliche Wandverkleidung geflogen, wie weit alles zu fallen schien! Sie rieb ein wenig Alkohol an die Stirn, für Sekunden spürte sie Verdunstungskälte. Später tauchte sie auch das Uhrband ins Glas, nur ganz wenig, Feuchtigkeit auf Metall, aus der Nässe kam alles Leben. Ein versilberter Spucknapf stand beim Klavier, ein Erbstück, richtig geraten. Ihre Tochter jagte den Goldhamster, warf eine Flanellhose nach dem Tier, die Flanellhose entsprach anderen Flanellhosen, dazu ertönte gepreßter Gesang, into the silent water, into the blue again, dasselbe wie immer.
Der Organismus dieses Kindes verfügte über zuwenig rote Blutkörperchen, genau, deshalb die Blässe, Leser. Der Goldhamster rettete sich unter einen Polsterüberzug, seidiger Glanz von der Farbe der Gemeinen Kuhschelle, anemone pulsatilla.
Obiges Kind wollte daraufhin die Mutter überreden,

wieder einmal ein paar Runden »Mehlschneiden« zu spielen. Dieses Hüttenspiel erfordert die Geschicklichkeit, von einer aus glattem Mehl geformten Pyramide – in deren Spitze ein Ring (Ehering, falls vorhanden) gesteckt ist – mit einem Messer durch untadelige, senkrechte Schnitte jeweils beliebig große Scheiben abzuschneiden, bis von der ursprünglichen Pyramide nur noch ein so schmaler Rest bleibt, daß der Ring unweigerlich herabfallen muß. Der Spieler, dessen Schnitt diesen Sturz des Rings bewirkt, muß diesen mit Lippen und/oder Zunge aus dem Mehlhaufen holen. Allgemeines Gelächter der Mitspielenden ist üblich und steigert dabei nach Möglichkeit sowohl Heiterkeit als auch Gruppengefühle und Zusammengehörigkeit. Daß Irmgard Raffetseder zunächst abgeneigt war, dem Kind ausgerechnet mit diesem Spiel die Zeit zu vertreiben, leuchtet sicherlich ein. Trotzdem ließ sie sich nach mehrmaligem Bitten wieder herbei, kehrte anschließend das in Wolken über Tisch und Sitzgelegenheiten gesunkene Mehl weg und kam ihren Obliegenheiten nach. (Es galt unter anderem, ein jetzt trübes Hemderl zur Wäsche zu werfen.)

Schicht um Schicht lassen sich die Tätigkeiten abtragen, bis sich das Abtragen als neue Tätigkeit verfestigt hat und nun seinerseits eine vollständige Schicht bildet.

Beruflich handelte Irmgard Raffetseder mit mehr oder weniger modischen Altwaren, sie hatte ganztags einen verläßlichen Kerl im Laden, ich du er sie es, sie half selbst immer wieder gerne aus.

Nicht verwundern wird es, daß sie auch ihre Wohnung antiquarisch aufgemöbelt hatte, sie verfügte über sieben vollwertige Biedermeierräume, im Wohnzimmer stand gar ein reparierter Leierkasten, der noch das Grundgerüst eines volkstümlichen Lieds zu produzieren vermochte. Es verstand sich von selbst, daß Irmgard Raffetseder sich aus Stilgründen keinen Fernsehapparat hielt, das wäre doch die Faust aufs Auge, meinte sie gerne augenzwinkernd. Außerdem war es unter den meisten ihrer Bekannten bereits üblich, auf das Fernsehen weitgehend zu verzichten, das paßte besser zum Mittelstand, aber nicht zu ausgeprägt künstlerischen Kreisen, in denen die gelangweilte Feinfühligkeit immer wieder gerne nach neuen Existenzweisen Ausschau zu halten bemüht war. Irmgards aufgewecktes Kind hatte sich übrigens inzwischen ohne Umstände eine neue Beschäftigung gesucht. Es bemalte jetzt den Klodeckel des Gästebadezimmers mit dezentem Métallisélack. Auch nicht schlecht.

Retschitzegger

Retschitzegger wirkte nun schon seit Jahren als Krankenpfleger in der nahen Stadt, er besaß das Diplom und hatte schon des öfteren verwirrte Patienten mit einem entschlossenen Klaps, der noch keinem geschadet hat, zur Besinnung gebracht. Der Oberarzt freilich sollte davon nicht unbedingt wissen, war der doch selber im gewissen Sinne bedient, zwar hochbezahlt, aber ständig einen leicht verwirrten Eindruck machend, wenn er z. B. eine gummibelegte Treppe hochstieg und wie im Spaß gegen die Wand boxte, hinter ihm das weiße Gefolge.
Am Medikamentenschrank stand ein halbvoller Osterbock, hinter dem Glas in einer Reihe die Laevosanflaschen, ein matter Scherz, sicher.
Retschitzegger spielte einen Gang, sagte einen Zwanziger an. Schwester Gudrun konnte nicht stechen. Finale!
Keck stand das Telefon an seinem Platz, es ging lustig zu in der kleinen Teeküche. Manchmal klopften diskrete Angehörige von Patienten an die Tür, holten sich dann mit Erlaubnis des Personals harmlose Medikamente oder dergleichen, sofern es ins therapeutische Programm paßte.

Auf dem Kühlschrank ruhte das Sparschwein, es enthielt sogenannte Trinkgelder für die Mitarbeiter der Station, das wurde alles jeden Monat gerecht verteilt. Retschitzegger kaufte von seinem Anteil regelmäßig Ergänzungen zu seiner Sportausrüstung, Tennisbälle, Laufschuhe, und für den heranwachsenden Sohn zuletzt ein Schlauchboot, dessen Boden ein durchsichtiges Rechteck aufwies, ein Fenster zur Beobachtung der Wasserwelt.
Retschitzegger gewann übrigens auch die nächste Runde, machte jedoch böse Miene zum guten Spiel, weil er auf Zimmer 29 die Infusion abzuhängen vergessen hatte.
Glücklicherweise aber hörte er sofort den Zimmernotruf, sprang hoch und tat seine Pflicht. Und schon sah ihm wieder der Spitzbub aus den Augen.

Rimpler

Rimpler hatte wieder einmal einen guten Tag gehabt, der Schalk saß ihr noch zwischen den Brüsten. Und ihre herangereifte Tochter war drauf und dran, langsam mehr als eine Art Groupie des Jungbürgermeisters zu werden; das Verhalten, das sie dabei zeigte, war zwar stammesgeschichtlich schon sehr alt und nur sozial ein wenig zeitgenössisch zurechtfrisiert, aber ... Jedenfalls sollte es ihr einmal besser gehen.
Angefangen hatte es am Feuerwehrball, wo der Bürgermeister als fülliger Neger verkleidet ging. Guggi war mit einer blauen Strumpfhose als Turban auf dem Kopf und in einem mit seltsamen Symbolen bestickten knielangen Jackerl in seine Nähe gekommen, ein gegenseitiges Scherzen folgte, wer wollte sich das Lächeln verbeißen?
Bald unterhielten sie sich angeregt, in die Unterhaltung

flossen bereits Weltanschauungsfloskeln ein, unterschwellig aber auch Andeutungen bezüglich erhöhter Bereitschaft zur Ausschüttung von Erregung auslösenden Substanzen – Guggi, sonst ein bißchen vierschrötig, glühte vor Begeisterung.
Wie in einer kurzen geistigen Abwesenheit pickte sie ihren nassen Kaugummi unter die Tischplatte, auf der wie üblich Blumen und Getränke zierlich angeordnet waren. Früher oder später verschlug es sie mit dem werten Knülch verständlicherweise in die Bar, die mit ein paar Tricks und Rumpelkammerrequisiten so hergerichtet worden war, daß sie für die Dauer des Feuerwehrballs an einen Kuhstall erinnern sollte, in dem sinnigerweise der Durst gelöscht werden konnte. Guggi hockte sich auf einen der hereingestellten Melkschemel, fluchte zum Spaß über die Dunkelheit, die hier herrschte . . . hu.
Der Bürgermeister aber redete bereits wie ein Ölmann, mellow yellow. Aufgeheitert erzählte er, wie er seit Jahren üble Folgen von Alkoholgenuß zu vermeiden wisse, indem er am Schluß einer Trinkerei gern den »Hansel« – also die abgestandenen Reste in den Biergläsern – zusammenschütte und das als – ja, als Schlaftrunk verwende. Guggi schüttelte sich. Ihr Halsreifen glitzerte, sie trug ihn wie einen Zauber. Der Bürgermeister war schon ganz wunderlich. Unvergeßlich auch, wie er sich manchmal einfach räusperte, wenn er etwas nicht ganz so herausbrachte, wie er es eigentlich gemeint hatte. Wollte er etwas erreichen durch sie, mit ihr und in ihr? Sich selbst sah er ja gern als schlauen Taktiker, der einiges hinter den Ohren hatte . . . abwarten.
Die Feuerwehrkapelle intonierte schlampige Weisen, der Bürgermeister streichelte schon wie ein beherzter Priester an ihrer Hand herum, schien manchmal sogar buchstäblich auf ihre Hand einzureden, obwohl er dabei freilich ein wenig tolpatschig aussah.
Scheiß dir nichts, sagte Guggi und fing zu schmusen an. Das Große Tor von Kiew! Pauken und Trompeten!

Infrastruktur! Faschingmontag! So ist es recht, winselte es durch den Bürgermeister, während er sabberte und Guggis Hand an seinem Adamsapfel spürte.
So etwa hatte es angefangen, und die Zeichen für Guggi standen nicht schlecht, das spürte Mutter Rimpler. Und auf ihr Gespür konnte sie sich verlassen.

Ronald

An manchen Stellen war der Schnee schon verbrunzt, Menschen waren hiergewesen, das sah er und dachte es, beides zugleich.
Möglicherweise hatte er wirklich etwas Durchscheinendes erwartet, zerschmolzene Wachswände, dingliche Häute von rissiger Beschaffenheit, es waren Gedanken, es war nur die Luft.
Auch er ging von der Annahme aus, es gäbe Schwankungen im Gestaltungsvermögen der Gesamtzahl der Angehörigen einer jeweiligen Herdenzeit; aber welche Amplitude wäre dann etwa momentan erreicht? Analytisch war das Ganze erfaßbar, es ließ sich sogar unterteilen in komplexe Aufschwünge und Niedergänge, doch wo waren die Übergänge?
Einfache Umrisse lagen in der Senke, sie regten hier niemanden auf. Und wenn schon, die Augen der Betrachter konnten höchstens wie eine verlängerte Schere sein, die ein wenig ungeraten herumkratzte.
Ronald starrte auf das harte Fleisch der Bäume, das in den Wülsten hervortrat. Es war, als ließe die Landschaft ihre Muskeln spielen, sie stellte strahlende Verknüpfungen her, während phantastische Fetzen über den Himmel liefen, es war zu sehen.
Gerne zählte er die Stunden, in denen er nicht mehr auf Menschen stieß, ohne daß er sich deshalb besonders zurückziehen mußte. Lebte er also wie ein Elch, der

ausladende Kopf, verhornte Girlanden, im Körper ein paar Flechsen, was denn noch? Ronald, ein Gezeichneter?
Er kehrte um, schlug einen Weg ein, der eine große Schleife um die Mulde zog, durch die er gekommen war, von weitem sah er schon Häuser, Madagaskar, summte er.
An der Haltestelle boxten zwei Schüler einen Abfallkorb nieder, sie wechselten sich ab in den Schlägen. Ronald sah ihnen zu, hustete ein paarmal unkontrolliert dazwischen. Hätte man ihm das Hirn aufgerissen, um reinzuschauen, man hätte das Übliche vor sich gehabt, während der Rest des Körpers vielleicht gerade noch alles darauf angelegt hatte, ohne äußere Effekte eine steile und andauernde Konzentration vorzubereiten. In einem Nachkriegslesebuch seines Bruders saß Europa auf einem fetten Stier, der tropfend aus dem Wasser stieg, das fiel ihm jetzt ein. Ronald wußte damit nichts anzufangen, aber es störte ihn nicht.

Rosenbauer

Rosenbauer, Nachwuchskraft in der Wollstube, drehte das Ave Maria ab, sie mußte in die Fahrstunde. Morgen würde sie wieder ihr Verlobter besuchen, der an einem Modell eines Hundeschlittens aus Zündhölzern bastelte, eine Heidenarbeit, das mußte jeder zugeben, der auch nur ein wenig im Modellbau Bescheid wußte.
Sie nahm ihre geflochtene Handtasche von der Ablage, strich mit zwei drei Fingern routinemäßig – aber nicht lieblos – über das Material, mit dem sie gemeinsam verbrachte Jahre verbanden. Die Schlaufe, an die die Tasche geknüpft war, mochte an einen sauberen Kälberstrick erinnern, sie schob sie über die Schulter und ließ die Tasche wie einen Postsack hängen, knapp neben der Scham.

Dann verließ sie die Wohnung, wachelte, kaum auf der Straße, mit den Augen zu den stillen Gärten der Siedlung hinüber, packte fast das ganze Viertel mit einem einzigen Blick: Scheitelstrecke, Glanz, cremige Abendglut.
Eben noch war sie oben im Zimmer gesessen, und jetzt war sie herunten! Und die heimischen Vögel schupften sich wie schwerelose Kröten durch den köstlichen Luftraum, dessen fortwährende Gegenwart wie in einer Endlosverknüpfung alles mit allem zusammenbrachte: gerötete Bindehäute und das Wolkenfleisch, holprige Lustmaschinen und Pannenstreifen sowie Sehnsucht und alle Arten von Gedanken wie Schwärme von Radfahrern und Robin Hoods Eier.

Schuppe

Gut, Schuppe verlor also die Übersicht, er kratzte seinen Kopf wie einen Schornstein oder ein Schamdreieck, extra! Hare Krischna, Hare Rama, hinweg mit euch in die nächsten Nummern, das Land ist zerfallen wie ein Strudel, gefühlsmäßig nur, sicher, aber das genügt. Friß die Effekte, die Lichter, sie furzen, Linien! Oder mach was du willst, treib die Schenkel aus dem rechten Winkel, Wunder, im Sinken begriffen, nichts da!
Schuppe selbst stammte aus einem sehnigen Geschlecht, die Nähe der Berghänge hatte ihm gutgetan. Oft waren schmale Bachläufe und eisige Forellen sein Auditorium, erdachte und vermessene Grenzen, vor denen es sich schickte, des öfteren einfach niederzuknien und das Gebet zu verrichten. Raus aus der flachen Parabel der Existenz, ballistische Socken, weiter!
Der entscheidende Schritt wurde getan, freilich nur im Kopf, aber zurückgenommen wurde er nie. Die Wut und der Wille vereinigten sich in einem toten Punkt, na

ja, es blieb also alles beim alten, wie erwartet. Als hilfreiche Rüssel standen ihm schon in der Kindheit immer wieder die Gedanken bei, sie stöberten die gnadenbringenden Visionen auf, Wegelagerer des Bewußtseins, wer grunzte da eben? An seiner Zunge gab es eine uralte Verletzung, von der er nur ungern sprach, sakra. Und das unerbittliche Herz zerriß ihm jegliche Folklore, spontane Rucker, dann ging alles weiter, die Fetzen, das Leben, der Kreislauf, wenn es einen gab.
Der Vater, ein Gendarmeriebeamter aus der Nordgegend, besaß einen kunstvoll gedrechselten Eisstock aus erstklassig getrocknetem Birnenholz, des Abends knallten die Anfeuerungsrufe durch den Staat, die Eisbahn glänzte. Das Geld, das verklescht wurde, kam den Armen zugute, die sich bereit erklärt hatten, von Anfang an mitzuspielen, es war so ähnlich wie überall.
Hinter einem Schneehaufen gab es eine zusammengeknüllte Zeltplane von der Größe einer Rinderlunge, leere Flaschen lagen darauf. Sanfte Fluten! Beamtenglück! Drollig noch im Suff! Und ganz hoch hinaus, ins Zulässige!
In seinen Semperitstiefeln stand Schuppe am Gehsteig, winkte herüber, wo öfters niemand war, Jumbo Goodbye! Schneeweiß wie ein Fisch leuchtete der Himmel über den Ort, nach der Arbeit kam das Spiel, schäbiger Rhythmus das, für alle Zeiten.
Der Vater erzählte Schuppe, daß er in Kriegszeiten noch in Gegenden gekommen war, in deren Gewässern der edle Stör seine Reviere hatte, hörst du. Schuppe erfuhr auch von seiner weitläufigen Verwandtschaft zu den Brüdern Heidlmaier in Thal Assling in Osttirol, die mit der Herstellung eines unschädlichen Badezusatzes für Kleinkinder blühende Kämpen geworden waren; freilich änderte dieses Wissen für Schuppe rein gar nichts, wie denn auch!
Er zerriß einen Turnschuh, saugte ein Getränk. Er machte keinen Gebrauch von seiner begnadeten Fähigkeit des Gebirgsjauchzens, auch Juchzen genannt, er

schnellte herum, das genügte. Sein Gehen war ein Wiegen in gefederten Schritten, das plötzlich in schlenkerndes Boxen ausarten konnte, Zivilschutz. Selbst die Sternsinger gafften, wenn Schuppe daherkam. Das Strampeln tat ihm gut, er zermantschte die Ödnis der Lebensformen, so heißt das. Beherzt erhob er sich schon des Morgens, verrichtete das Notwendigste, warf dann etwa ein Zierkissen mit Hirschmotiven zum Fenster hin, auch wenn niemand dort stand. Mit dem Schicksal wollte er nicht hadern, er doch nicht! Lieber lenkte er seinen Schritt zum nahen Lagerhaus der Landwirtschaftsgenossenschaft, wo die Nitramoncalsäcke verladen wurden, was die Hubstapler zu den überraschendsten Manövern herausforderte, die Fahrer kratzten durch die blaue Arbeitskluft hindurch ihren käsigen Rumpf, ohne die Maschine zu vernachlässigen. Schuppes Mutter übrigens war künstlerisch veranlagt, sie strickte Porträts und versuchte sich im Töpfern! Das Leben meistern, der Sinn, na was!

Einmal trat Schuppe ins Wohnzimmer hinüber, sah dort die tüchtige Mutter, und ihm war, als hätte die Ärmste sich eben übergeben müssen, was freilich nicht sein konnte, hatte sie doch bloß das braune Postsparkassenbuch aufgeschlagen vor sich liegen und daneben eine Ansichtskarte mit Dürers Jungem Feldhasen, einem Aquarell von 1502. Schuppe grüßte freundlich, holte einen Dosenöffner aus einer Tischlade und entfernte sich wieder. Nicht weinen!

In jenen Tagen auch stellte sich heraus, daß der Gendarmensohn mit der Wünschelrute umzugehen wußte, er pendelte mehrmals sämtliche Räume aus, man sah ihm staunend, aber würdevoll zu, als wäre er ein übersinnlich begabter Medizinmann, was bei Schuppe freilich gar kein Witz bleiben mußte. Schuppe! Er sann über allerlei Seltsames nach, ein beliebtes Motiv in der Kunst des Abendlandes. So etwa wollte Schuppe unbedingt auf die Organspenderliste, er gab seine gesamten Innereien frei, für den Notfall natürlich nur.

Er schrieb auch eine Reihe von Briefen an den Faschingspräsidenten, der ihm sogar mehrmals voller Ernst antwortete, bis ihm das Ganze entglitt. Oder er führte konsequente Telefonate, und wenn ihm schließlich grauste, fing er ganz leise zu singen an, legte auf. Daraufhin hörte er (nur ein Beispiel) das Geläute der Evangelischen Kirche, dann hörte er es nicht mehr. Er beliebte zu verschwinden, schoß ins Freie, wo am Boden, vielleicht schon aufgeweicht, ein blutiges Heftpflaster pickte. Versuchte er einen arglosen Seitenstep, so gelang er zwar beim ersten Versuch, aber es gab auch so etwas wie eine Schaltstelle in ihm, die bestimmte psychische Prozesse plötzlich umschnalzen ließ in glatte Reaktionen, welche für sich genommen stets Befremden erzeugten. So schraubte er zum Beispiel einmal einen ganzen Nachmittag heraus, und der zerfiel sofort wie Kunstgewerbe: Kunst, Gewerbe.

Dazu besaß er einen ausgeprägten Sinn für das Grobe, und vielleicht war es eben das, was ihn einen vor Jahren durch allerlei Zufälle in seinen Besitz geratenen Schlagring mit einer rührenden Sorgfalt weiter aufbewahren ließ wie ein liebes Stück, das seine Beachtung verdient, wer weiß warum!

Nachtrag: Schon vor Zeiten hatte Schuppe sich von der ältesten Tochter eines zuckerkranken Steuerberaters aufreißen lassen, die beiden lagen damals nicht selten hinter irgendeiner herbstlichen Bank, beeilten sich so gut wie gar nicht, Zeit hatten sie doch. Und schon damals ging im Staat diese Todesseligkeit um, melancholische Faxen, alles machte mit, während Schuppe und Bruni (so hieß sie natürlich) ganz einfach weiterlebten, um unter Umständen später der Gesammelten Technik die Hosen runterzureißen (dünner Stoff, Glitzern, Bänder und Rechtfertigungen im Hirn, Krisen der Versorgung, ich und du: Müllers Kuh . . .) – ein enormes Unterfangen, das schon.

»Seicherl« Gradisnig

Er konnte natürlich nicht mehr bei der Tür raus, ganz genau. Trotzdem stand er dann langsam im Freien, hörte zum Herumreden auf, ein Volvo mit ungerader Nummer erschien ihm hinter einem Abbruchhaus, noch weiter hinten die ergrauten Büsche wie Inseln in der Wiese, und im Drahtzaun hockten Spatzen und sprenkelten das Geflecht. Davor am Wegrand Krenblätter, blaß und milchig geworden durch irgendeine Krankheit, schhht!
Der Sohn einer benachbarten Trinkerin ging gerade um die Zeitung vom Feiertag, gesenkter Kopf, triefender Gang, halb Buschmann, halb stummes Geheul.
Auch Gradisnig setzte sich in Bewegung, sah sich um, summte für sich die Melodiespur des Blauen Himmel Lieds, das gewissermaßen die Luft aufschlitzte: sofort! Und sofort wuchs auch alles wieder zusammen, aber besser, wie Früchte, die jetzt etwas loshaben, mehr als ein Reifeprogramm oder dieses oder jenes Gnadenbrot – die Rückkehr würde schwierig sein.
Im Café an der Ecke fand Gradisnig schon kleine Runden von Plauscherinnen und Plauschern, fahrig herumblickendes Gefolge, gedämpfte Zentrifugalkraft. Die Kellnerin malte Rosetten auf die Rechnung, schlug die Teller übereinander, all das lief ohne Gefährdung für sich dahin, regionale Spannungen, vegetative Schlagseite. Eine Zeit jedoch, in der sogar die Fliegen noch geil waren und auf den Tischtüchern oder im Gras übereinanderhockten wie autonome Klumpen.
Gegen Mittag heimkehrend, drückte Gradisnig dann den heulenden Buben hoch, wollte ihm die Sonne zeigen. Ein Strampeln. Wären sie 200 Meter gelaufen, alles wäre sicher anders gewesen, so aber nicht.
Er cremte die Arbeitsschuhe mit Importpasta ein, ließ die Fettn trocknen. Die Nachbarin sah ihn später den blauen Teppich hinauszerren, er schlug ihn wie einen schlimmen Hund, bis die Fasern sich nach innen

aufstellen mußten, kleine Flinserl für nichts und wieder nichts stäubten lautlos weg, genau in die Luft.
Er schlug weiter den Teppich, ein ungeheurer Druck war in ihm. No matter how I take it apart, hatte es aus dem Kaffeehauslautsprecher getönt. Nie mehr Manner Schnitten sehen! Die Ligusteransammlung auseinanderzwirbeln! Die Eggenberger Perle! Alles zusammen! Schnitt.

Stadler

Wie die Angst hinausrauchte! Darum ging es! Nicht um die Großzügigkeit der kleinbürgerlichen Denkfehler, die im nachhinein beinahe akrobatisch wirkten vor den offiziellen Schleiern, neben Programmzeichnungen und rosa Bescheiden.
Für Stadler flossen nicht wenige Vorgänge einfach ineinander, eine bessere Mischtechnik, darunter alles nur noch drollig, eine Faltarbeit aus abgeflachten Erscheinungen. Seit den Kindertagen dominierte bei ihm das sanfte Gemüt gegenüber den sich auftürmenden Mechanismen der Wirklichkeitszerstäubung. Er litt das Gegebene ohne Scheu, so zog sich denn weiter alles hin.
Trotzdem war er immer wieder einmal bereit, sein bisheriges Leben als das eines Katasterfritzen zu bezeichnen, falls die Formulierung nicht zuviel Spielraum ließe. Wem hätte er denn eine schnalzen sollen? All das wollte doch mehr oder weniger erlöst sein, was immer sich darunter vorstellen ließ.
Zoom: In letzter Zeit tat er oft so, als würde er ihm wohlbekannte Leute nicht richtig wiedererkennen, er ging dann ungerührt vorüber, stand das sehr gut durch.
Umgekehrt redete er manchmal Unbekannte an, als hätte er sie bloß längere Zeit nicht gesehen und freue

sich jetzt doppelt über ein Treffen. Am Rand eines vereisten Traktorwegs hielt er beispielsweise zwei Langläufer auf, zog sie sofort in ein irritierendes Gespräch, während sie noch nach Luft rangen und nicht recht wußten, wie sie sich denn verhalten sollten. Egal, auf welche Weise und mit welchem Zwischenruf sie sich später dieser Peinlichkeit zu entledigen wußten, die beiden Sportler werden sicher Stadlers Gesicht wie eine eisige Fechtermaske in Erinnerung behalten haben.
Stadler freilich scherte sich wahrscheinlich schon längst wieder um etwas anderes, das und noch mehr war ihm zuzutrauen.

Steffi Klinser

Auch Tatschkerl schmeckten ihr, richtig, gefüllt mit ihrem Lieblings-Molkereiprodukt – na? Am Dienstag versuchte sie Ravioli in Rahm und Schinken, der Fernsehkoch hatte es ihr empfohlen. Dann den süßen Brei! (Mittwoch . . .)
Jetzt aber weinte sie, schnitt freilich trotzdem – zwischendurch das Augenwasser mit dem Handrücken abwischend – weiter an den frischen Zwiebeln. Viel Zwiebel ist ja nötig, um ein gutes Gulasch zu bereiten.
Mürrisch zu leben vermochte sie nicht, wollte es auch gar nicht, sie baute sich statt dessen Südgefühle auf, noch und noch.
Einmal hatte sie in die Luftröhre eine Wespe gestochen, die ins Fruchtsaftglas gefallen war, sie hatte es beim Trinken nicht bemerkt, war in kurzer Zeit in Erstickungsgefahr und überlebte vielleicht nur, weil sie nicht panisch wurde, aber dafür in wenigen Minuten beim Arzt war, hurra.
Auf der Eckbank lag das Tierquartett, mit dem sie noch vor zwei Tagen mit der Tochter gespielt hatte, bevor

diese dann wieder wegfahren mußte ins Internat. Heile heile Segen.
Sah sie den Instrumentkasten der Kinderziehharmonika ihrer Tochter, wurde sie traurig, einfach so. Das Musikinstrument stand tief unter dem Arbeitstisch. Ein Rauschen, der Kopf, sentimentale Sedimente. Wo Insekten ans Fenster über dem Arbeitstisch geprallt waren, gab es feine glitzernde Punkte, also Mitesser im Glas, freilich.
Ihr kleiner Finger irrte über die Kopfhaut, rupfte am Haar herum. Wohin, was tun?
Im Bad ließ sie erst einmal heißes Wasser über ihre Hände laufen, nicht weil sie fror oder schon nichts mehr spürte, sie ließ es einfach laufen. Dann putzte sie sich wieder die Zähne, ausgiebig. Ohne es wirklich zu wollen, riß sie den Haken, an dem der Bademantel hing, aus der mahagonifarben furnierten Tür.
Ihrer Mutter, als sie zuletzt für mehrere Tage zu Besuch bei ihr gewesen war, waren abends im Bad einmal die Zähne aus der Hand gefallen und auf den gefliesten Boden, und schon war eine komplizierte Reparatur des Gebisses notwendig geworden. Im Zorn waren die Wangen der Mutter nach innen gegangen wie bei einem Raubvogel, so schnell ging das.
Als Steffi Klinser wieder am Arbeitstisch saß, fiel ihr Blick auf das mit einer Sofortbildkamera aufgenommene Foto, das der Vater ihrer Tochter geschickt hatte. Es war eine Szene aus einem Fußballspiel, eine Firmenauswahl (Abteilung Verkauf) war gegen einen großen Abnehmerbetrieb angetreten, ringsum Zuschauer (die »Belegschaft«), von denen sie den einen oder anderen noch kannte.
Wieder gerieten ihr Haare durch die wandernden Finger, sie dachte nach, pfnaste, was ein wenig schnuttig wirkte.
Und in der Küche, im Kelomat, stand das geschnittene Gulaschfleisch plus Zwiebel etc. unter Dampf und Druck, der zweite Ring war bereits zu sehen, bis zum

Mittagessen war es nicht mehr lang, sie würde es schon noch aushalten.

Steinmaßl

Kaum halbwegs ausgeschlafen nach dem Weiberball, wo er nichts als getschechert hatte, ging Steinmaßl in den Sautrog. So hieß eine Tallandschaft in der Gegend, die er belebte, er ging ohne Ausrüstung, nahm nur den Feldstecher mit, und auch darauf hätte er verzichten können wie auf manch anderes darüber hinaus.
Unter der Joppe war alles fest wie ein starres Knochenhemd, schmale Röhrenknochen des Mittelfingers zu einem Brustpanzer zusammengebaut wie in der nordamerikanischen Volkskunst des vorindustriellen Mittelwestens, bababububu. Das Verplempern wurde für Steinmaßl mehr und mehr zum Tagesgeschäft, im Tatsächlichen wurde selbst das niedrigste Niveau noch einmal und mühelos unterboten, und das Bewußtsein ging aus all dem zwar verstaucht, aber grundsätzlich noch bewegungsfähig hervor, als wären bloß ein paar Löcher in die Voraussetzungen gerissen worden, ohne die darunterliegenden Gerüste vollkommen niederzuschlagen. Sanktus! Die beschneiten Baumkronen straßenseitig strahlten wie Karfiolstengel, für die niemand ein Sorgerecht verlangte, erkennen und/oder benennen, das stand hier nicht zur Debatte.
Steinmaßl schneuzte sich, rieb den Schleim in die Luft. Was war los mit seiner Jüngsten, die Maria hieß und auf einmal lieber Tamara oder irgendwie so geheißen hätte und überhaupt in der letzten Zeit immer mehr Geschichten machte? Steinmaßl war sicher nicht bereit, da allzulange zuzuschauen, dazu hatte er einfach schon zuviel gehört, was heute alles so vorkam, er las ja auch eine Zeitung. Sollte sie bitte vielleicht der Wind geschwängert haben oder was!

Vom Dach eines renovierten Geräteschuppens donnerte ein Schneebrett, das Blech jaulte, als die Last weg war, körnige Luft strich durch das Tal, über dem sehr tief, aber auseinandergequollen wie blättrig geschnittene und zerkochte Pilzkappen die Wolken lagen, aus.
Steinmaßl riß sich zusammen.

Sternberger

Sternberger, weiblich, griff in Briefen und mündlich die Godn an, wollte Geld, auch moralisch mehr Unterstützung. Fast flehentlich drängten sich ihr die Umrisse bisweilen ein wenig zur Seite, gruschelten nur noch herum, lösten Verkrümmungen in farbige Stellen auf, hinter denen sich die Segmente entspannen mochten, ein Traktor, der an einem Waffenladen vorbeizog, die mit Laubattrappen und Rotwildgehörn geschmückten Auslagen, Euroschecks werden angenommen usw.
In ruhigen Villenstraßen, in deren Nähe sie wohnte, eröffneten sich ihr kurze Blicke auf gesetzte Gegenwart, kapitale Wohnsitze mit gelangweilten Frauen, die am Rand automatisch besprengter Rasenflächen herumgeisterten, auf schilfgesäumten Terrassen lagen oder für Momente hinter dunklen Glasfronten verschwanden.
Andererseits folgten auf Kolonnen von Eindrucksphasen bei Sternberger oft warme Flächen mit Vermischung von Wunsch- und Kopfbildern, Meckiphantasien etc.
Sie studierte die Faltvorschläge für ein Serviettenpaket, das sie gekauft hatte, der Geist hielt sich ein wenig auf und marschierte dann weiter. Keine Abbrüche oder Spiegelbilder, aber immer wieder auch Beschäftigung mit der sogenannten Herkunft, Einkreisung von vermuteten Beschädigungen und was sie für sich selbst als solche ausgab. Die Zeit eine Halde, die auseinanderrutschte, na mein Gott ... und das Wanzengefühl.

Im Ohrgang nachts manchmal kleine Gummistöpsel, die Unruhe kam aber meist nicht von außen. Sternberger wußte etwa fünf Liter Blut in sich, zentrifugale Bewegungsrichtung, anschließend wieder zurück, Fächer, Rhythmik ohne Pausen: Dies ist mein Blut ...

Vor dem Fenster bärtige Koniferen, am Tisch des öfteren ein alter Pudding neben zerblätterten Periodika und allerlei Kleingerät, von dem nicht viel Aufhebens zu machen wäre.

Mit 34 Jahren fiel Sternberger aus dem Angestelltenverhältnis, eine äußere Station eines verblüffenden Abgangs, in dem sie sich mehr oder weniger besonnen herumbewegte, zwischendurch verharrend, während sie manchmal wohl schon ein Knistern spürte – so etwa auf der Bank vor dem Kriegerdenkmal im Ortskern, die gezüchtete Ziervegetation glühte vor dem polierten Marmor, Autos schoben sich im Schrittempo an der Ecke der Fleischhauerei Redlingshofer vorbei, sie saß und rollte die Blicke hinaus.

Gegenüber, im Kaffeehaus, rieselte die Luft in Blasen aus dem Aquarium, darin über einigen bemoosten Steinkipferln und Pflanzenfedern ein daumengroßer Schleierschwanz, drei Sumatrabarben und der Black Molly, alte Bekannte aus langen Momenten des Dämmerns vor einer Topfentorte und dem Kleinen Braunen am Ende der Mittagspause.

Die in Gruppen herumsitzenden Heranwachsenden behandelte sie mit immerhin auffallenden Blicken, weich und interessiert zugleich, blieb aber außerhalb der Gesprächsdistanz, nickte höchstens einmal, um etwas wie Bekräftigung auszudrücken, auch wohldosierte Scheu.

An den Nachmittagen dann wieder im Büro des fleischigen und schweißigen Sägewerksbesitzers, der in Abständen mehrmals versucht hatte, seine müden Geschlechtsphantasien auf sie zu übertragen, einmal so erbärmlich, daß er sich einfach – er hatte sie im Wagen mitgenommen – in einer Kurve auf ihren Körper hinüberfallen ließ; sie wischte sich ab, boxte aber nicht auf ihn ein, wie sie es kurz überlegt hatte. Er entschuldigte sich, wurde dann schnippisch, versuchte das Ganze mit Eifer als eine Art dummen Spaß abzutun, das letzte Wort war noch nicht gesprochen.

Im Hatzenbichler-Garten stürmten drei Kinder einen Pflaumenbaum, Amseln schossen hoch, indes Sternberger eine Briefmarke leckte und auf ein gelbes Kuvert schlug. Sie summte, ließ ein wenig Luft aus dem Darm, rieb mit einem milchgetränkten Lappen über die Blätter des Gummibaums, zog später mit kurzen Rucken an ihren Fingern, daß die Gelenke leise schnalzten.

Abends schnappte sie wie immer die Milchkanne, fuhr mit dem Rad zum Gasthof Enengl, eigentlich ein Bauernhof, um den Liter Milch zu holen, den sie pro Tag etwa verbrauchte.

Heimkehrend gab sie sich unbeschwert, hänselte sogar Janker oder Bianca (?), den Hund der Nachbarin, einer pensionierten Sachbearbeiterin. Sie hechtete die neunzehn Stufen zu ihren Zimmern hoch, suchte aus einer Lade im Vorzimmerschrank die Plastikbehälter mit der kältespeichernden Masse für die Kühltasche und legte sie ins Eisfach. Sie prüfte, was sich an verderblichen Gütern noch im Kühlschrank befand, flog mit den Augen über Gabelbissen, Hirtenkäse und Weißwurst hinweg und warf die isolierte Tür wieder zu. Sie war niemandem Rechenschaft schuldig!

Voll Würde, aber auch ein wenig aufgescheucht, so ging sie zwischen den Wänden auf und ab.

Von Nordwesten her schob sich ein Gewitter zusammen, kühlte bald Luft und Boden rasch ab. Fesch war's. Sternbergers Pupille wurde ein klein wenig weiter, sie zog vielleicht allerlei Gedanken über das satte Gelände. Dann sprang sie ans Telefon, redete, machte ihre Pausen, drehte an den Nackenhaaren, lutschte an einem kräftigen Hautfetzen am Rand des Nagelbetts, kam auf das Gewitter zu sprechen und wiegte den Oberkörper, bedächtig . . .

Stüdl

Die letzte Wespe des laufenden Jahres sah Stüdl gegen Ende Oktober. Das Tier saß auf einer Verpackung für Nasentropfen, der Bewegungsapparat schon an der Kälte orientiert, eine friedliche Starre zog auf. Stüdl klopfte mit den Fingern auf die Knie, schnell, langsam, schnell, dann wieder Synkopen dazwischen, es schien ihn bald selbst zu stören. So zog er denn rasch einen Faden aus dem Hosenbein, weg damit. In der Abwasch lagen nasse Schuhbänder, er blickte auch darüber hinweg, zu spät. Eine Gier war vielleicht zu guter Letzt noch in den Dingen, oder was? Wenn es ihn zerrissen hätte!

Diese Wucherung im Gehörgang, siehe Brief samt Diagnoseformel. Sein Hahnenkopf, faltiges Fleisch und Gehänge; all das lag ja längst schon zutage. Im Kühlschrank feste Klumpen von Fleisch unter Sternen, es hielt gut zusammen, erstaunlich.

Stüdl war hinausgetreten, wanderte ostwärts, ein paar Meter zunächst. Im Vorwärtsgehen segnete er den Gehsteig, sorgfältig, aus dem Handgelenk heraus; auch das eine Blüte der Nervosität: So hätte er es gern vor sich selber gesehen.

In einer Hosentasche fand er eine zusammengepreßte Form aus schaumig muschelartigem Papier. Es war dann ein Feh-Taschentuch, auch in der Putzerei offensichtlich bloß übersehen worden und durch einen vollständigen Reinigungsgang geschleust.

Stüdl zog jetzt Richtung Zipfer, kam gut an in der Schenke, ein wenig Rauch rollte unter der Decke entlang. Das Trinken war einfach, er saß eben da und dachte herum wie so viele. Und tatsächlich erhob er sich innerlich bald, es schien ihm gar, als habe es draußen nur deshalb zu schiffen begonnen, weil sich er endlich innerlich geborgen hatte! Später soff er bereits wie aus einem Kelch, und wie nebenher furzte er dabei auch in den Kunststoff des Hockers, spürte wandernde Wärme zwischen Haut und Bespannung. Fernwärme.

Stummer

Mit tief gezogenen knieweichen Schritten kommt Stummer den Gehsteig herab, Gemeindearbeiter im Ruhestand, einer von denen, die von der sozialen Gemeinschaft einfach zur Witzfigur auserkoren wurden, ungefragt und so endgültig, daß schließlich selbst die Kinder lachen, wenn sie ihm entgegenkommen.
Dabei ist Stummer im täglichen Billigrausch wenigstens noch das ehrliche unverstellte Opfer, ohne lächerliche Anstrengungen, als jemand zu erscheinen, der er ohnehin nicht ist. Ein folgerichtiges Herumtorkeln, vorbei am Kindergarten, freundliche und wirklich so gemeinte Grüße an beliebige Passanten, die beschämt sind, sofort schneller gehen. Hätte er es vielleicht zum vertragsbediensteten Zornbinkel bringen sollen, zum Stolz der proletarischen Verwandtschaft?
Leichter Wind zwischen den Kohlrabiblättern.
Bei der nächsten Gelegenheit zerteilt er mit dem Kopf einen Mückenschwarm, die Insekten schwirren wie Buchstaben in der Luft herum, na, was ist? Vielleicht der eine oder andere Seitenblick auf die Umgebung, die mit offener Votze daliegt? Darin Baumwerk, Parkflächen mit weißen und gelben Linien, ein Fiat, Kutteln in einem Eimer auf dem Rücksitz, der Geruch dringt nicht durch die Scheiben, das weiß jeder.

Theresia Vierlinger

Manchmal ein kurzes Murmeln, eine Angelegenheit von ein paar Minuten, ein Gesang, der den Körper nicht ins Vertrauen zog, sondern ihn einfach überrumpelte. War das sie, die das sprach?
Nebenbei die Tomaten auflegen, ihre vernarbten Linien mit dem Finger entlangstreifen, gewohnte Festigkeit beim Übergang in Reife.

Unter der Zeitung lag wieder eine Botschaft der Ennskraftwerke AG, ein paar Werbeseppen hatten die passenden Sätze zusammengesucht, sie liefen darauf hinaus, daß der Arzt seinen Strom braucht.
Nun, sie durfte nicht mehr krank werden, das wußte sie längst, und sie bemühte sich auch redlich.
Am frühen Nachmittag in einem leichten Halbschlaf war Theresia Vierlinger bis zu den Knien in Plastiksackerln gestanden, hielt dabei einen Vortrag über Makrameearbeiten vor einem überlegen lächelnden Publikum, sie litt aber nicht mehr an den Widersprüchen.
Sie verscheuchte das alles, indem sie sich einfach erhob und für einige Atemzüge aus dem Fenster blickte. Ein Fahrschulwagen der Bundesgendarmerie zog eine weiche Schleife, wurde dann eingeparkt, offensichtlich zu Übungszwecken.
Es paßte noch alles, sie konnte es immer wieder beobachten.
Die Wiesen waren dick und leicht geneigt, und wo ein großes braunes Loch war, wurde gerade ein Haus aufgestellt. Ihr Auge war trocken, geht das?
Weil sie ihren Bürosessel einfach nach jedem Vormittag mit derselben blutleer konzentrierten Beflissenheit unter den dazugehörigen Schreibtisch schob wie alle anderen, gerade deshalb nahm sie sich heraus, das auf eine persönliche Art wiedergutzumachen. Ein zartes Verschleudern an eine Geometrie der Schatten, feine Wirbel in der Kopfhaut, schrundige Stellen, Ursache, Wirkung, das Periodensystem der Elemente auf lebende Tabellen und Felder übertragen, Körper und Zeichen!
Sie fuhr jetzt mit der flachen Hand über den Rand des Tisches, auf dem die Tomaten lagen, es war eine Bewegung, als wollte sie etwas wegwischen. Kühles Abendlicht schoß ein, vergletscherte aber nichts von dem, was eben noch dagewesen war.
Als die Schatten schon ziemlich lang waren, sprang Theresia Vierlinger auf, holte die Sichel und lief hinaus, schnitt wie wild in den kniehoch wuchernden Erdholler

an der Böschung zum Nachbargrundstück, und es tat ihr gut, zu sehen, wie die knotigen Verdickungen auf manchen Pflanzenschäften (Blattlauskolonien wie Klumpen von Mohnkörnern) gegen die Schnittrichtung niedersanken. Mit der Geschwindigkeit, mit der die Wirtspflanze verdorrte, würden auch die Läuse zugrunde gehen.
Theresia Vierlinger stand bald im Schweiß, und gleichmäßig fuhr sie in ihrer Bewegung fort, sah mit Genugtuung in das grau hereinblitzende Sichelblatt und roch den scharfen Pflanzensaft.
Abends würde sie sich vielleicht wieder ohne Eile in der Stille befriedigen, während von draußen höchstens Vogelgesänge hereinkämen, die Luft wie ein Schleier zwischen den Beinen, bis dann der Fallschirm aufging und sich in einer wehenden Freude auseinanderfaltete.
Und im Fernsehen, das in allen Wohnungen dieselben Schimmer über die Böden jagte, vielleicht gerade eine der Serien, vor denen die Nachbarn und sicher auch die Nachbarn der Nachbarn unruhig an ihren Eheringen kauten – ein Glück, vor dem wahrscheinlich alles andere zurückwich.

Tschandl

Wieder fünf Jahre vergangen! Gebratene Schweinchen, Honig- und Fruchtregen, was davon war ins Gedächtnis gesunken?
Blind vor Leere, das war er doch! Gewaltige Vorgaben! Und üppig spannte sich darüber jederzeit der Herbsthimmel, scharf, von Instrumenten umstellt, die fremden Körper rochen alle fremd, die meisten zumindest, mehr fiel ihm dazu nicht ein. Am Rand des Gesichtskreises zeigte sich die obere Flanke des Talhangs, unerschütterliche Vegetation, ein ungekämmtes Bild von weitem.

Kinder in Wollkleidern gingen durch den späten Glanz, trugen irgendeine Schuld ab, Schnauzen geschlossen. Sternförmige Nägel ragten aus einem Plakat über einen Afrikavortrag. Und wie immer: Der ungemilderte Schrecken, wie Reste einer indianischen Sprache, zu Ornamenten auf zeitgenössischem Geschenkpapier verkommen, was war mit den Ungeheuern, ha?
Die Energie verschwand ins Äußere, Schürfwunden, geplatzte Oberflächen, Rauch über den Wiesen. Am Rand einer Fichtenschonung stand ein Familienvater mit einem Modellflugzeug, gestikulierte stark vor den Kindern herum, wie weiß die Gesichter waren! Und die glasklar lackierten Tragflächen hart gespannt wie Libellenflügel, es war da eine Ungeduld in allem, auch das, aber war letztlich alles nicht doch nur in ihm? Selbst das Vertrauen blieb scharf begrenzt, die Zuversicht galt immer nur jetzt, schon im nächsten Moment konnten die Kraftfelder durcheinandergeschleudert sein wie Flausen oder sonstiger Schmarrn, ach.
Fett und schmierig glänzten von unten her die Ackerschollen, jetzt, jetzt, das Zittern der Vollendung: heimlich unverwundbar werden! Schnecke du!

Weinmeister

Bartholomäus Kindlinger (vulgo Weinmeister) hört auf einmal mitten im Volkslied auf und singt das Lied vom Monster der Nacht, von dem es heißt, daß es die kleinen Mädchen in den Hohlweg treibt, wo die ausgehungerten Hühner um ein paar Kartoffelschalen kämpfen: (Güterweg Pfarrl) . . . Macht er sich vielleicht auch noch lustig über das verwirrte Aufnahmeteam vom Landesstudio, das bis halb elf beim Dorfwirt herumstritt, wer in welchem Zimmer schlafen sollte?
Sylvia Hundsbichler zwingt der Bäuerin inzwischen ein Gespräch über alternative Hausschlapfen auf und raucht

die französischen Filmemacherzigaretten. Zum Schluß des Beitrags will sie mit der Bäuerin dann noch durch die frischen Bio-Kulturen schlendern, lasch und wohltuend unverkrampft. Doch der Weinmeisterin reicht der komplette Auftritt schon mehr, als ihr lieb ist, und seit dieser Sache mit den Sommerurlaubern (Ferien am Bauernhof...), deren Kinder einmal eine ihrer Kühe mit schwarzem Rauhlederspray verschandelt haben, spätestens seit damals sind ihr sowieso Leute, die sich für das Leben auf dem Hof interessieren, sozusagen ein rotes Tuch. Was also tut sie mit Hundsbichler, der Abgesandten vom Landesstudio des Rundfunks?
Sie reißt vom Sockel der ostseitigen Stallwand einen Moospolster aus und drückt ihn der Verdutzten in die Hand, ein biologischer Abschiedsgruß, der auch nicht mit Hilfe von ein paar schlagfertigen Gegenfragen von seiten Sylvia Hundsbichlers rückgängig zu machen ist.

Willi

Lasset uns singen oder auch nicht.
Der Sprengelarzt haute die Scheine durcheinander: Keine blöden Fragen jetzt, das konnte er nicht vertragen. Trotzdem – wenn es etwas wie einen gesteigerten Simpel gab, dann war zweifellos er das.
Er betrieb, man konnte es nicht viel anders nennen, ungefähr eine Werft für schlampige Rezepte, die meisten keinen Schuß Pulver wert. Jein? Alles hatte sein Für und Wider. Einmal war ihm im Dienst ein Spritzer Eiter auf die Hose gekommen, er hatte tatsächlich nicht lange herumgeraunzt, so etwas gehörte also einfach dazu, einverstanden.
Kurz und gut (»jedenfalls«) ... in einer der endlosen Brunftzeiten – also egal wann – wurde dann auch in der Scherleiten ein Lastwagen voll Dreck (d. i. Erdaushub)

über ein Wegerl hinuntergekippt. Was nicht gewesen war, hatte noch werden können.
Und im Scherl-Neubau sollte es bald (im Ernst!) eine Tür in die Luft hinaus geben, na also! Joschi Wöhrenschimmel, bisweilen auch Hurenbock geschimpft, würde die Installationsarbeiten übernehmen, wobei ihm der jüngere Scherl-Sohn, Benno, gefälligst helfen sollte.
Benno, ein fader Zipf, wie viele sagten, hatte von seinem ersten besseren Geld ein komplettes Schlagzeug angeschafft, es war ihm von einem Musikhaus in der Landeshauptstadt in einem Lieferwagen hergebracht worden. Aufgestellt wurde es in der ehemaligen Butterkammer, oft konnte man den Burschen für Stunden herumhacken hören, einfachste Rhythmen, häufig zerdehnt oder verstolpert, er stellte auch gern sein Cassettengerät an und schlug dazu auf die Trommelsätze und Becken, daß einem alles verging, und im Hintergrund hopste dann etwa ein Vierminutenstück aus dem Rundfunk hinterher (eine Überspielung). Plump und in Blöcken formierten sich in diesem unermüdlichen Spiel einige wenige überregionale Grundmuster (eins zwei – eins zwei drei usw.), die verschoben und untersetzt mit gamsigen Wirbeln immer wiederkamen. Nur Mut.
Aber der Schmelz des Geheimnisvollen fehlte wahrscheinlich noch. Vielleicht hätten schon eloxierte Kuhglocken (ein Symbol der Leidenschaft) oder ein schweißiger Baß genügt, um alles um eine Stufe höher zu heben – hinterher konnte man leicht gute Ratschläge erteilen.
Ha, wie das Nutzlose krachen konnte und schimmern! Die Strahlenfelder oder was es war wuzelten sich durch Buschwerk und mehliges Gestrüpp, und könnte man von der Gesamtheit der zu einem Block zusammenschießenden Bedingungen als von einem Riff sprechen, so würden durch einen imaginären Mechanismus unentwegt minimale Schichten abgehobelt, auf Gedeih oder Verderb. Die Schichten selbst unter Umständen in

beständiger Aufweichung begriffen oder aber von einer Spannung sondergleichen zusammengehalten, nichts rutschte ab?
Auch die Bezugsfelder der die lokalen Bereiche organisierend umspannenden Macht wechselten ja je nach Bedarf, ehemals mythisch-religiöse Einheiten waren längst an eine bedingungslose Verbrauchsmodernität abgegeben, eine Täuschlerei gewissermaßen, alles bekannt. Und eine im eigentlichen Sinn des Wortes rhythmische Gliederung ergab sich höchstens durch eine gedachte Unterteilung des gesellschaftlichen Körpers mit Hilfe von unwillkürlichen Spuren, die die jeweils übertölpelten sozialen Gruppen hinterließen, ständig in Bewegung zwischen Ausbreitung und Verschwinden.
Nur nicht steckenbleiben – ist dies doch vor allem auch die Geschichte von Willi, dem Erstgeborenen der Scherleitner.
Als Willi das Bein hob, jammerte gerade ein Hubschrauber über die Hügel, deren Waldgürtel ein kurzes Stück lang die Umrisse eines symbolischen Kelchs nachzuzeichnen schien, Maßstab 1 : 10 000.
Nun, in der Scherleiten wurde in der Folge ein Lastwagen mit Ytong-Bauziegeln falsch eingewiesen, die Zwillingsräder schmatzten in der sumpfigen Stallwiese, Hurerei, hieß es wieder. Gut, daß nicht auch der Sprengelarzt oder der Bestattungswagen zur selben Zeit hier zu tun hatte, nicht auszudenken, wie jeder jedem im Weg gewesen wäre.
Weiter oben stürmte die Pfadfindermannschaft durch die Büsche, stolperte in den leichten Wind hinein. Jeder verschaffte jedem von Zeit zu Zeit einen Fleck Anerkennung, Wülste um den Rumpf, später Diplome und Prämien, Verrenkungen, schön der Reihe nach.
Pomona, Halbschwester von Benno und Willi, wurde im Fortlauf der Geschehnisse von einem Aushilfsfahrer der Baufirma einmal so gekitzelt, daß sie wie in einem Krampf nur mehr nach Luft rang und in der Verzweif-

lung dem Kerl mit einer Keliflasche eine auf den Hinterkopf schlug.
Gesetzt den Fall, sie hätte ihn dabei massakriert, wer weiß, was dabei herausgekommen wäre. So aber hatte er nur einen handtellergroßen (immerhin!) nassen Fleck im Haupthaar, der schnell verkrustete. Hätte er sich nicht so blöd gespielt! Wie durch ein Wunder allerdings merkte kaum jemand etwas von der Sache, obwohl der Bretterhaufen hinter der Bauhütte keine zwanzig Meter vom Haus entfernt war.
Der Ausbau schien den Plänen nach großzügig, aber insgesamt gab es hier keinen rechten Luxus, auch kam immer wieder auf die eine oder andere Art das Elend dazwischen, wir wissen schon. Manche hörten überhaupt schon eine – wie hieß es? – Gesamtkatastrophe kommen, Anspielungen gab es so gut wie täglich irgendwo, und sei es auch nur im Fernsehen. Und die Maurerstifte quietschten. Hari, ein Surm ohnegleichen, kam wieder einmal auf den ursprünglichen Kostenvoranschlag zu sprechen, es war schon fad. Und von Willi keine Spur.
Beim Kellerbetonieren jedoch trat er noch einmal kurz in Erscheinung, er stampfte rasch in den noch nicht ganz harten Beton und hinterließ einen Fußabdruck, ein deutliches Zeichen dafür, daß es ihn gab und daß er dagewesen war, wenn auch nur als der übliche Grant-Scherm, als den man ihn kannte.
Im Wartezimmer des Sprengelarztes lag natürlich auch diese Urwaldzeitung, die allein schon mit ihrem Format Aufsehen erregen wollte. Auf der letzten Seite eine Reklame für ein Fernrohr, dann noch ein guter Tip für ein Nachschlagwerk für den heutigen Haushalt, alles ziehen lassen, wenn es sein muß, bis es weg ist.
Über den Waldstücken standen Schwaden wie zerpulverte Rückstände, keine Ungeduld, das Leben ging weiter, überall.
Zulehner, der Sprengelarzt, kam abstammungsmäßig aus der Gegend der Strengberge, er hatte sich in den

Jahrzehnten eingelebt wie ein Tier, und sein Kopf hatte auch tatsächlich etwas Tapirhaftes an sich, selbst wenn das nicht sofort ins Auge sprang. Er war es, der als einziger dem kranken Dorninger in den Arm fiel. Und beim Reden wischte er sich ständig den Mund ab, na ja, seine Sache.

Erste Fortsetzung: Segmente.
Andererseits war Willi, dem ehemaligen Springginkerl, anscheinend eh alles wurscht. Als Steinbock geboren, versah er zwar seine Pflichten bisweilen wie ein Blindenhund, aber mit der Zeit wurde er mehr und mehr zum Blitzer.
Beim Bundesheer hatte sich Willi noch irgendwie insgesamt fördern lassen, auch den Führerschein für Lastkraftwagen brachte er mit. Und Träume mit Glaspumpen und nassen Frauen. Aber er, der trotz mancher Bemühungen einfach niemanden zum Bussen etc. fand, blieb ohne weiteres jederzeit ein Kapitel für sich, auch wenn dem niemand Rechnung trug. Die schäbigen Ufer der Heimat! Was er so bisweilen von sich gab, hätte ein Grabgewölbe füllen können oder einen halben Liftschacht, falls auch der eher städische Bereich um alles in der Welt eine Rolle spielen muß. Kameraden der Instinkte! Waffen im Befreiungskampf gegen die Überlegenheit der jeweiligen Kniffe! Einheit der Gläubigen!
Die Katze streifte am Rittersporn vorbei, Ratten gab es da so gut wie gar keine. Haselmäuse hingegen waren recht fesch, wenn sie sich auf einem Erkundungsmarsch durch den Garten befanden, Pechvögel.
Willi behütete allerlei Krimskrams, als wäre . . . rasch, rasch! (Schütt eine Säure über den Horizont und laß sie zwei drei Minuten einwirken, dann wirst schon sehen, was passiert!)
Willi also stolperte wie im Dusel über die Insektenhänge. Er hatte wieder einmal seine Tage. Er biß in sein Taschentuch, stopfte den ganzen Pfropfen in den Mund,

knebelte sich gewissermaßen selbst, wenn auch nur vorübergehend.
Dann wiederum rackerte er von früh bis spät, kümmerte sich einen Dreck um gleitende Arbeitszeiten. In einer solchen Phase war es auch gewesen, daß Julius ihm klargelegt hatte, wie er die Zuschüsse von der Landesregierung und die verschiedenen Niedrigzinskredite alle zugleich ausschöpfen konnte, vorausgesetzt daß er das Elternhaus abriß und die Alten im Neubau als Mieter aufnahm.
Willi riß an seinem Hosenträger, daß es nur so schnalzte. Sollte doch der Caterpillar kommen und alles niederpracken; wenn es sein mußte, schon in ein paar Wochen! Im Stall boxte er vor Ungeduld dem Stier eine auf den Hirnknochen, daß der Murl mit beiden Augen zugleich zwinkerte. Bei einer Landwirtschaftsmesse ein paar Monate zuvor hatte Willi gesehen, daß es eine Handpresse gab, mit der sich der unbrennbare Abfall (Konservendosen etc.) im Müllcontainer ohne Anstrengung zusammenpressen ließ, daß es eine Freude war. Auf einmal war doppelt oder dreifach Platz – und das Gerät kostete nicht einmal besonders viel, also wurde es auch schon bestellt. Der Willi!
Hohes Haus! Als die neue Zufahrt gar auch noch asphaltiert wurde, borgte Willi sich einmal die Handwalze (mit Verbrennungsmotor) aus dem Gerätebestand des Bauhofs von den Gemeindearbeitern aus. Am späten Nachmittag ebnete er den Vorplatz ein, fuhr über unreife Zwetschken und eine verlorene Kundendienstkarte (Bosch) hinweg, alles wurde eins. Und Willi schwitzte wie ein Paar.
Aber am meisten gingen ihm die Erdstrahlen auf die Nerven. Im Keller hatte er Hufeisen an die Wand genagelt, genau im vorgeschriebenen Abstand. Von einem Pensionistenausflug zur Silberhochzeit hatte ihm seine alte Tante einmal eine Broschüre über das Handauflegen mitgebracht, auch das gehört hierher – und es gehört wahrscheinlich ohnehin einmal gesagt, damit es

ein für allemal klar ist, kapiert? Na also! Willst eine Nuß, Leser?
Das frisch gelieferte Fensterglas summte. Willi schlief. Alle anderen auch. Es war finster wie im Wald.
Vor einer Reihe von Jahren, als Willi gefirmt wurde, durfte er im Salzkammergut auf einem Tretboot fahren. Er bekam Türkischen Honig. Da hatte er was davon, gell. Der Gedanke, daß er in einer kurzen Stange von Jahren schon Geheimratsecken haben würde, stand damals nicht zur Diskussion. Jetzt kann man es ja getrost sagen, aber wahrscheinlich war dem Willi schon damals . . . nein, lieber nicht. Willi! Arsch mit Ohren! Die Hunde vom Brandstetter jaulten wie alte Schakale herüber.
Im Vorjahr war beim Brandstetter die komplette Erdäpfelernte nur dritte Qualität geworden, die Knollen hatten innen großteils eine Farbe von schwachem Germ, kaum noch gesundes, speckiges Gelb. Willi versuchte darüber mit dem Brandstetter zu reden, aber aus dem war auch nichts herauszubringen, der tat, als hätte er den berühmten Knödel im Mund. Er hatte zwei feste Arme, das mußte genügen, hörst Willi! Eduard schwang die Milchkannen auf den Hänger. Oben in den Bäumen wuchsen Misteln wie Adlerhorste, dichtes Gestrüpp, das schön gedieh.
(. . .) Harmlose Zeiten mußten verstrichen sein. Willis Lieblingsdessert war noch immer dasselbe wie in Kinderzeiten. Nichts für ungut. Hundertmal dasselbe, dann Leben genannt. Willi riß sich oft an einem Ohr, bohrte mit dem Finger nach, wischte sich nötigenfalls auch am Tisch ab. Ein feiner Schmelz von Fettn zog sich daher über manche Stellen der Tischplatte wie eine dauerhafte Imprägnierung.
Alles rundherum bildete folgerichtig die Gesamtheit der unmittelbaren Umstände, allerdings nur der äußeren. Dazu gehörte dann natürlich auch noch die Sierra des Toten Gebirges, daran war nicht zu rütteln. Und etwas in der Art einer falschen Gegenwart durchduftete

womöglich wie ein Schas allerlei Anstrengungen von Belang. Lebte hier wer?

Na was! Aber falls es darunter auch Leute gab, die zu wissen meinten, was für Willi das Beste gewesen wäre – sie waren meist nicht greifbar oder hatten selber den Scherm auf.

Und als Willi dann wirklich darniederlag, mußte freilich wieder der sattsam bekannte Sprengelarzt her, sollte gut zureden zumindest. Er blieb gleich da zur Mahlzeit, ließ sich nicht lange bitten, lud sich genaugenommen selber ein. Er bekam ein kühles Abendessen hingeschoben, maß ließ ihn erzählen, was und wie er wollte. Die Gabeln scherten über Steingut, der Sprengelarzt brach dann bald auf. Er wünschte Willi schnelle Besserung, geriet beim Abschied beinahe ins Singen wie ein freundlicher Bariton, auf geht's.

Unten an der Bundesstraße schnitten sie noch die Mostbäume nieder, dahinter lagen die Felder wie hiniges Fleisch, usw.

Ja, der Sprengelarzt mußte noch zum alten Hennerbichler, der sich ein wenig übermacht hatte, genügt schon. Und Willi?

Willi, gezeugt, nicht geschaffen, und schon gar nicht für die Lebensumstände geschaffen, in die hinein es ihn praktisch seit seiner Geburt verschlagen hatte, Willi war, milde ausgedrückt, ein wenig zerknirscht. Als Angehöriger einer kompromißlos arbeitenden Klasse rang er verhältnismäßig oft nach Luft, auch im übertragenen Sinn.

Er war die Frucht eines Leibes, der sich bis ins höhere Alter fast nur geschunden hatte, niemand hört das gern.

Zuletzt erhielt er noch Post von seiner fortgezogenen zweiten Halbschwester, eine Walt Disney-Karte mit einem lustigen Spruch, Willi kratzte sich mit der Karte an der Stirn. Ein Regenbogen in geschlagener Luft. Genau.

Wilma Botzheim

Es ist wirklich nicht mehr derselbe Schatten da wie vorhin, die Hendln rennen wacklig in die Nußblätter hinein, zertreten ein Gelb, das schon vorher wo gewesen ist, wo denn?
Die Feuerwehrmänner üben das Schläucheausrollen, sie tragen farbige Startnummern (Frucade) auf verwaschenem, zartgrünem Leinen.
Ein gutes Nussen-Jahr, das schon.
Wilma Botzheim kennt die Feuerwehrmänner, bei einigen weiß sie noch ganz genau, wie sie als kleine Buben ausgeschaut haben, alles vergißt sie noch nicht.
Wilma wohnt in der Baracke hinter dem Sportplatz, sie zahlt fast keine Miete, muß aber wöchentlich die Dressen der Fußballer waschen und ausbessern, wenn es notwendig ist. Stopfen kann sie dann auch vor dem Fernseher, bei Sport am Montag zum Beispiel, eh klar.
In der Früh und nach Dienstschluß wischt sie noch schnell den Boden der Volkskreditbank, ein heller, gelber Terrazzo mit schwarzen Randfliesen, ein ausgesprochen schöner Boden, auch das stimmt eigentlich.

Windischbauer

Juliane Windischbauer schob das restliche Alkaloid in ihre Handtasche, die freilich ein wenig exotisch war, ein Mandschu-Kofferl vielleicht. Sie stand auf dem Grünstreifen mit dem Blick auf das mehrfach renovierte Wasserschloß, schädelförmige Blätter lagen unter dem Steg. Ein Kind mit einer Topfengolatsche trabte am Fußweg vorbei, summte halblaut.
Juliane Windischbauer setzte sich auf einen Graspolster am Ende einer Hecke, gähnte und kaute manchmal an einem Fingernagel. Später kamen ein paar alternative

Wandersleute vorüber, sprachen allen Ernstes über asiatische Volkskunst und begeilten sich an der phlegmatischen Natur. Ihr Reden war fast schon ein Singen, Juliane schätzte das sofort richtig ein: gering.
Sie erhob sich wieder, schlenderte weiter, bis sie am Wegrand eine Bank erblickte, schon besetzt. Eine Frau in einem Walkjanker ruhte dort für sich, war dabei aber auch mit irgend etwas beschäftigt, sogar einigermaßen konzentriert. Versuchte sie nicht – Teufel komm raus! – mit einem Gerät, das wahrscheinlich nur ein Kugelschreiber war, eine Nagelschere zu bemalen? Himmel! War das auch wieder so ein Kult, oder was war da los? Das Gesicht schien fest wie ein Schnabel, Allesfresser, offensichtlich hinter dem Leben her – aber wäre das schon das Leben, es müßte rasselnd auseinanderfallen wie ein aus porösen Metallen notdürftig zusammengeschraubter Dominantseptakkord unter den gesammelten Furzen des täglichen Hohns, Stop!
All das gab es ja nur im Kopferl, und Juliane Windischbauer wußte das, meine Damen und Herren. Oben ausgefertigte Frau aber stand dessenungeachtet auf, wischte ein paar Hornkrümel von ihrem Schoß, packte ihre Sachen und federte mit sehr individuellen Schritten vor Julianes Augen davon, die nun eine komplette Bank für sich allein hatte. Aber was ist das schon gegen ein anderes Leben.

Inhalt

Antensteiner 5
Ascherling 6
Bärhild 9
»Bantu« Schrefler 10
Bengesser 12
Berta Forstner 13
Brettschneider 15
Burgi 16
Christa (»Krista«) Waismann 20
Christl 21
Dichtl 23
Dobretsberger 25
Edeltraud Pribil 27
Falk 29
Fink 30
Fischeneder 31
Floimair 33
Frieda Axmann 34
Fritz Ledscher 36
Gangl 46
Gerti Samhaber 47
Großdesner 49
Gunda Paulitsch 51
Hanna Wurdinger 53
Haubeneder 55
Hechtl 56
Hedi Senn 57
Herbert Herndler 59
Hermine Burgstaller 60
Josef »Nährvater« Schöffmann 61
Kaineder 63
Klara Katzengruber 66
Klosterfex 67
Kneidinger 68
Kolbekhoff 69
Konstanze Biberauer 70

Leo Leibetseder 71
Liane Geiseder & Co. 72
Lindbichler 75
Ludmilla Wührer 77
Lungenschmid 78
Mahringer 80
Mandi Steibl 81
Mandorfer 83
Mirli Zamazal 86
Oskar »Kaos« Preinfalk 87
Pauline Bresenhuber-Loidl 89
Philomena Bolterauer 90
Pleschinger 91
Plursch 93
Polzer 95
Rachlinger 96
Raffetseder 97
Retschitzegger 99
Rimpler 100
Ronald 102
Rosenbauer 103
Schuppe 104
»Seicherl« Gradisnig 108
Stadler 109
Steffi Klinser 110
Steinmaßl 112
Sternberger 113
Stüdl 116
Stummer 117
Theresia Vierlinger 117
Tschandl 119
Weinmeister 120
Willi 121
Wilma Botzheim 129
Windischbauer 129